경희대학교 아프리카연구소 역사총서 15

탄자니아의 역사

김기국 저

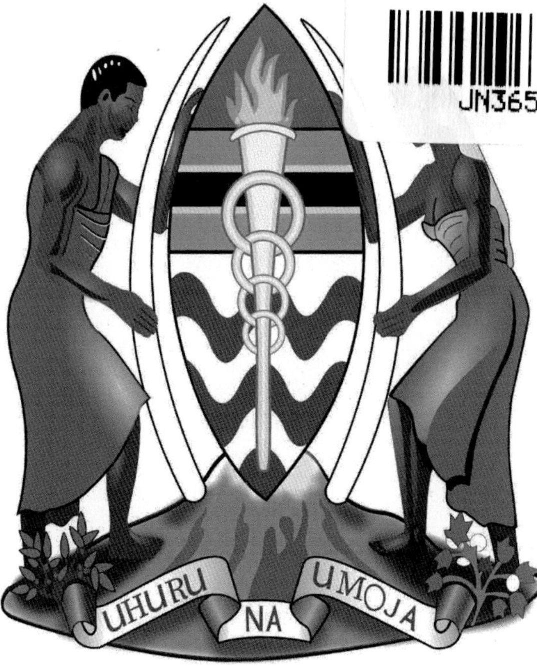

도서출판 아딘크라

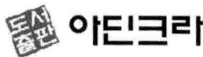

김기국은 프랑스 파리-소르본느 대학(파리 4대학)에서 문학박사 학위를 받았으며 경희대학교 프랑스어 학과 교수로 재직하고 있다.

※ 이 저서는 2021년 대한민국 교육부와 한국연구재단의 지원을 받아 수행된 연구임 (NRF-2021S1A5C2A02086919)

머리말

아프리카 동부에 위치하며 인도양과 접하고 있는 탄자니아는 세계에서 31번째로 넓은 나라이다. 이 넓이는 미국 캘리포니아주의 두 배 이상이고 서유럽의 약 절반에 해당한다. 탄자니아는 북쪽의 케냐와 우간다, 서쪽의 르완다와 부룬디, 콩고 민주공화국, 그리고 남쪽의 잠비아, 말라위, 모잠비크와 국경을 면하고 있다.

현대 인류의 조상은 적어도 200만 년 전에 이 넓은 동아프리카에서 등장한다. 탄자니아는 에티오피아에서 남아프리카까지 뻗어 있는 동아프리카 인류 요람으로, 현대인인 호모 사피엔스 사피엔스는 약 20만 년 전에 인간이 처음 진화했고 약 7만 년 전에 아프리카에서 퍼져 나가기 시작했다.

인류사에서 탄자니아에서보다 인간이 오래 산 곳은 없다. 또한 인간 조상이 도구를 만들었다는 가장 초기의 증거 중 일부는 탄자니아 북부 세렝게티 국립공원 동부의 올두바이 협곡에서 나왔다. 탄자니아 및 주변 지역 인간 공동체의 역사는 20세기에 들어서서 식민지 통치의 종식으로 형성된 이 나라의 역사보다 훨씬 길다.

탄자니아는 포르투갈, 오만, 독일, 그리고 영국의 식민지 지배라는 특이한 역사를 갖고 있다. 근세 이후 유럽인들이 아프리카를 점진적으로 점령하고, 세계화된 서양 역사에 강제로 편입시키면서 유럽인의 탐험, 그에 따른 열강의 영향력, 그리고 국제 조약 등을 통해 아프리카는 토착민의 삶과 무관한 정치적 타협으로 영토가 나뉘었다. 아프리카 많은 나라가 그렇듯이 탄자니아 역시 유럽 제국주의의 영토 확장과 식민지 침탈로 인해 국가라는 틀은 제2차 세계대전 이후에 정립되었다.

    탄자니아 사회는 언어적, 문화적 구성이 다양하다. 이러한 다양성은 서로 다른 시기에 이 나라에 정착한 서로 다른 역사적, 민족적, 언어적 배경을 가진 사람들이 섞이게 된 결과이다. 이러한 환경에서도 탄자니아 지역에 살던 수많은 종족은 그들이 사는 조건에 적응하고 또 적응하였다. 시간이 지남에 따라 그들은 서로 다른 문화와 언어를 가진 서로 다른 환경에 적응한 다양한 공동체를 만들게 되었다. 오늘날 이러한 수많은 공동체가 탄자니아를 고향이라고 부르고 있다.

    탄자니아의 역사를 정리하기 위해 기록 문서와 보관 문서가 부족한 동아프리카 지역의 특성상 탄자니아의 역사는 구술된 역사의 흔적과 그 흔적을 기록한 자료, 다시 말해 서구인들이 남긴 자료에 크게 의존할 수 밖에 없음을 밝힌다. 아울러 포르투갈의 탐험에 이어 독일과 영국에 의한 식민 지배 시기의 역사는 탄자니아를 포함한 주변 지역의 역사는 인류학자들에 의해 연대순으로 구성되지 않은 원시적 사회로 묘사되는 오랜 선사 시대의 민족 인류학의 틀에서 구분하여 접근하겠다.

    이 책의 출간에 도움을 준 경희대학교 아프리카연구소와 아딘크라 출판부에 깊은 감사를 드린다.

2025년 5월
김기국

목 차

제1장 국가 개요 ·· 5
제2장 종족의 등장 ·· 33
제3장 왕국의 출현 ·· 55
제4장 포르투갈과 식민 시기 ······························ 88
제5장 스와힐리 해안의 오만 제국 지배 ············ 109
제6장 독일의 식민 지배 ·································· 148
제7장 영국의 식민 지배 ·································· 170
제8장 독립 탄자니아 ······································· 182

[부록] 탄자니아 약사 ······································· 210

참고문헌 ··· 216

제1장 국가 개요

1. 국명과 국기

1.1. 국가명

탄자니아 연합 공화국 United Republic of Tanzania은 동아프리카에 있는 나라이다. 탄자니아는 영국 식민지였다가 1961년에 독립한 탕가니카 Tanganyika와 1963년에 독립한 잔지바르 Zanzibar가 1964년에 통합하여 생긴 나라이다. 현재 탄자니아의 본토 부분을 구성하는 탕가니카는 1961년 12월 9일 영국으로부터 독립하여 영연방 왕국으로 엘리자베스 2세 여왕의 지배를 받은 후, 1964년 4월 25일에 통과된 연합법에 따라 군주제가 폐지되고 탕가니카 공화국으로 변경되었

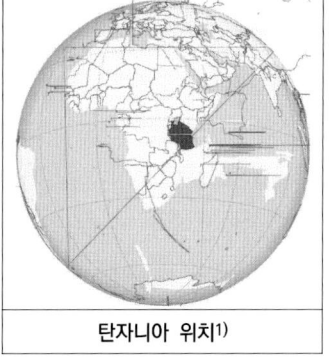

탄자니아 위치[1)]

다. 그리고 잔지바르는 1963년 영국에서 벗어나 잔지바르 술탄국으로 독립한 후 1964년 혁명으로 잔지바르 인민공화국이 되었다. 탄자니아라는 국가명은 스와힐리어로 '길들지 않은 곳을 항해한다'라는 뜻의 탕가니카와 동아프리카의 원주민들을

---

1) https://ko.wikipedia.org/wiki/%ED%83%84%EC%9E%90%EB%8B%88%EC%95%84

일컫는 말인 젠기 zengi와 해안가를 뜻하는 아랍어인 바르 barr에서 파생된 잔지바르에서 따왔다.

1.2. 국기와 국장

탄자니아의 국기는 1964년 6월 30일에 탕가니카와 잔지바르 두 나라의 국기를 조합하여 제정되었다. 녹색은 국토를, 검정은 국민을, 금색은 나라의 광물 자원을, 파랑은 수많은 강과 호수, 인도양을 의미한다.

국기

탄자니아의 국장은 탄자니아를 상징하는 문장이다. 국장 가운데에는 네 개의 작은 공간으로 나뉜 방패가 그려져 있다. 방패의 첫 번째 공간에는 금색 바탕에 타오르는 횃불이 그려져 있으며 두 번째 공간에는 탄자니아의 국기 문양이 그려져 있다. 금색은 탄자니아의 광물

국장

을, 횃불은 자유, 계몽, 지식을 의미한다. 방패의 세 번째 공간에는 빨간색 바탕에 엇갈린 채로 놓여 있는 도끼와 괭이, 창이 그려져 있으며 네 번째 공간에는 파란색과 하얀색 두 가지 색으로 구성된 물결무늬가 그려져 있다. 방패 아래쪽에는 킬리만자로산이 그려져 있으며 방패 양쪽에는 코끼리의 엄니가 그려져 있다. 엄니 왼쪽에

는 남자가, 오른쪽에는 여자가 감싸고 있다. 남자의 발밑에는 정향나무의 덤불이, 여자의 발밑에는 목화의 덤불이 장식되어 있는데 이는 협동을 의미한다. 국장 아래쪽에 있는 띠에는 탄자니아의 나라 표어인 자유와 통일 Uhuru na Umoja이 스와힐리어로 쓰여 있다.

2. 지형

현재의 탄자니아 경계는 1880년대 식민지를 점령했던 유럽의 침략자들에 의해서이다. 독일인들은 현재의 부룬디, 르완다 및 탕가니카(현재의 탄자니아)의 3개 지역을 점령했고, 제1차 세계대전 이후에는 영국에 의해 잔지바르 군도가 포함되었다.

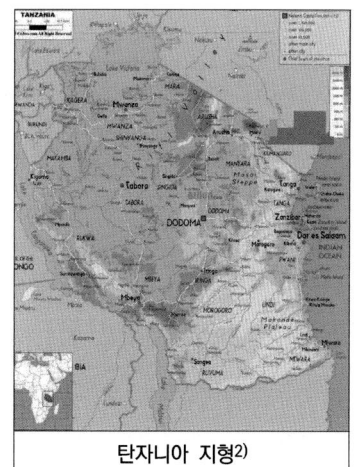

탄자니아 지형2)

탄자니아의 영토 면적은 947,403km²로서 아프리카에서 13번째로 넓고 세계에서 31번째로 큰 나라이다. 북쪽으로는 케냐와 우간다, 서쪽으로는 르완다, 부룬디, 콩고민주공화국, 남쪽으로는 잠비아, 말라위, 모잠비크와 국경을 접하고 있다. 아프리카

---

2) https://www.ezilon.com/maps/africa/tanzania-physical-maps.html

동부 해안을 끼고 있으며 약 1,424km 길이의 인도양 해안선을 가지고 있다. 이 해안에는 또한 잔지바르 군도가 있다. 탄자니아 내륙에서 39km 떨어져 있는 가장 넓은 웅구자섬 Unguja(1,658km^2, 이하 잔지바르섬이)과 그 본토의 탕가에서 56km, 잔지바르섬에서 북북동쪽으로 48km 떨어져 있는 북쪽의 펨바섬 Pemba(984km^2)이 여기에 속한다. 그리고 마피아 군도에 속하는 마피아섬 Mafia(435km^2)을 포함한 여러 해안 섬을 포함하고 있다. 있다. 동쪽 해안과 이들 섬은 계절풍의 영향으로 비슷한 기후를 공유한다.

탄자니아의 식생은 기후 및 지형과 밀접하게 연결된다. 지형의 고도에 따라 가장 높은 곳에서부터 숲, 삼림, 수풀과 덤불, 삼림 초원, 초원, 습지, 반사막, 사막이 있다. 탄자니아의 삼림은 북부의 아루샤 Arusha, 킬리만자로 Kilimanjaro, 북동부의 탕가 Tanga, 중부의 이링가 Iringa, 북서부의 신양가 Shinyanga, 서부의 카게라 Kagera의 주요 습윤 고지대에서 분포되는데, 탄자니아에서 가장 흔한 식생 유형으로, 나라의 습윤한 남부 절반의 광대한 지역을 덮고 있다. 잔지바르 군도에서는 삼림 초원이 습한 서쪽 절반을 지배하는 반면 초원은 습하지 않은 동쪽 절반을 많이 덮고 있다.

2.1. 탄자니아 북부

탄자니아의 북동부에는 대지구대 Great Rift Valley; 서아시아의 시리아 북부에서 동아프리카의 모잠비크 동부에 걸쳐 아프리카 대륙의 동쪽을 따라 5000km의 가늘고 긴 계곡 형태의 지형)에 속하는 동아프리카 지구대가 위치한다. 이에 따라 아프리카에서 가장 높은 해발 5,895m 킬리만자로산을 비롯해 북동부의 우삼바라 Usambara 산맥, 북서부의 파레 Pare 산맥, 아루샤 국립공원이 포함된 남동부의 메루산 Meru(4556m), 고원 지대, 일련의 계곡과 급경사 등 산악 지대가 주를 이룬다.

탄자니아 북서부에는 아프리카에서 가장 넓으며 나일강의 발원지인 빅토리아호와 바이칼 호수 다음으로 세계에서 크고 깊은 담수호인 탕가니카호 등 호수 지대를 중심으로 수백만 마리의 영양과 사자, 표범, 코끼리, 코뿔소, 들소가 매년 이동하는 것으로 유명한 국립공원 세렝게티 Serengeti 평원과 약 200만년 전에 분출 후 붕괴된 화산 칼데라와 협곡 등으로 구성된 응고롱고로 Ngorongoro 분화구 지역이 있다.

2.2. 탄자니아 동부

이 지역은 인도양을 따라 펼쳐진 모래사장, 산호초, 맹그로브 숲이 있는 저지대 해안 평야가 지배적이며 지역 생태계와 어업에 중요하다. 탄자니아 최대 항구 도시이자 경제 중심지로서 상업 수도 역할을 하는 다르에스살람 Dar es Salaam이 동부 지역에 위치한다. 동부 해안에는 잔지바르와 펨바를 포함한 여러 주요 섬이 있으며, 풍부한 역사문화 유산, 향신료 생산은 물론 인기있는 관광지로 유명하다. 와미 Wami 강과 루부 Ruvu 강이 이 지역을 흐르며 주민들에게 수자원을 제공하는 비옥한 삼각주를 형성한다. 내륙으로 약간 들어간 곳에 위치한 이스턴 아크 Eastern Arc 산맥은 생물 다양성으로 유명하며,

수많은 고유 동식물이 서식하고 있다.

2.3. 탄자니아 중부

중부 지역은 고립된 산악 지역, 고원으로 이루어진 넓은 평원과 경작 지대가 펼쳐져 있으며 그 남쪽으로는 사바나 지역이 있다. 새로운 수도인 도도마 Dodoma는 여기에 위치한다. 특히 동아프리카 고원의 일부인 고원 지대는 일반적으로 평평하지만, 구릉과 때때로 암석 노두가 곳곳에 있다. 나무와 관목이 흩어져 탁 트인 경관을 자랑한다. 중부를 가로지르는 여러 강이 있는데, 그중에서도 가장 중요한 강 중 하나인 루아하 Ruaha 강이 있으며, 지역 생태계와 농업에 필수적인 계절별 호수와 습지가 있다.

2.4. 탄자니아 남부

남부 지역은 고원 지대는 완만한 언덕과 산맥이 특징인 주요 지형이다. 리빙스턴 Livingstone 산맥과 키펜게레 Kipengere 산맥, 룽궤 Rungwe 산맥이 대표적인 산맥으로, 이 지역의 다채로운 지형을 형성한다. 루피지 Rufiji 강은 탄자니아의 가장 큰 강으로 루피지 삼각주와 함께 생물 다양성 측면에서 중요하며, 농업 및 식수원으로도 활용된다. 국립공원 및 야생동물 보호구역: 탄자니아 남부에는 세계 최대 규모의 동물상 보호구역 중 하나이며 수많은 코끼리와 다양한 야생동물로 유명한 셀루스 Selous 야생동물 보호구역을 비롯한 여러 국립공원이 있다. 스와힐리 해안의 일부인 남동부 해안 지역은 인도양을 따라 펼쳐진 해안선을 자랑하며, 모래사장, 산호초, 맹그로브 숲이 발달해 있다.

3. 강과 호수

3.1. 강
루피지강

탄자니아 남부를 가로질러 남동쪽으로 흐르는 가장 큰 루피지강 유역은 범람원과 인도양 하구에 있는 거대한 삼각주가 특징이며 다양한 생태계를 지탱한다.

루부마강

탄자니아와 모잠비크의 남동쪽 국경을 따라 흐르는 루부마강 Ruvuma은 동쪽으로 흘러 인도양으로 들어간다. 이 강은 완만한 언덕과 사바나 지대를 가로질러 흐르며 자연적인 경계를 형성한다.

팡가니강

팡가니강 Pangani은 킬리만자로산을 포함한 북부 고원지대에서 발원하여 남쪽으로 흐르다가 동쪽으로 흘러 이스턴 아크 산맥을 관통하여 인도양에 도달한다. 상류는 산악 지대인 반면, 하류는 평평한 농경지이다.

와미강

와미강은 도도마 지역의 발원지에서 동쪽으로 흐르며 사바나와 해안 평야를 지나 인도양으로 흘러 들어가며 유역의 농업과 야생 동물에게 활력을 불어넣는다.

말라가라시강

말라가라시강 Malagarasi은 탄자니아에서 가장 긴 강 중 하나로 탕가니카 호로 흘러든다. 이 강 유역은 습지로 유명하며, 풍부한 생물 다양성에 중요한 역할을 담당한다.

카게라강

카게라강은 빅토리아호로 흘러들기 전 탄자니아와 르완다, 부룬디 국경의 일부를 형성한다. 주변 지역에 중요한 수로이다.

3.2. 호수

빅토리아호

아프리카 최대 면적 약 68,800km2의 호수이자 세계 최대 열대 호수인 빅토리아호는 동아프리카에 위치하며 탄자니아, 우간다, 케냐 세 나라가 공유한다. 이 호수는 주로 강우와 여러 강에 의해 물을 공급받으며, 카게라강은 가장 중요한 공급원이다. 빅토리아호에는 수많은 섬이 있으며, 그중 일부에는 사람이 살고 있다. 탄자니아에서 빅토리아호의 해안선은 주로 북서쪽에 위치하며, 므완자

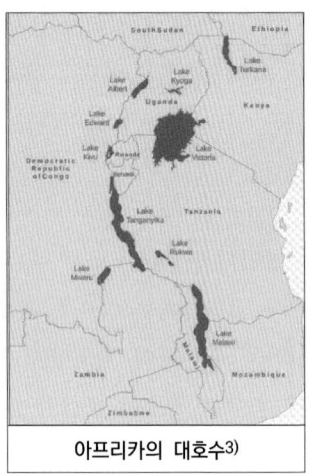

아프리카의 대호수[3]

---

3) https://commons.wikimedia.org/wiki/File:African_Great_Lakes_mk.svg

Mwanza, 마라 Mara, 카게라와 같은 지역을 포함한다. 수많은 어류가 서식하는 다채로운 생태계의 보고로서 그 주변 지역은 조류와 기타 야생 동물이 풍부하여 이 지역의 생태적 다양성을 갖고 있다.

경제적 관점에서 빅토리아호는 그 주변에 사는 수백만 명의 사람들에게 어업, 농업, 무역을 통해 생계를 유지하는 지역 경제의 중요한 자원이자 지역 사회의 주요 단백질 공급원이다. 하지만 오늘날 빅토리아호는 생물 다양성에 영향을 미치는 기후 변화의 영향과 같은 환경적 압력에 직면해 있다. 외래종의 출현, 수질, 그리고 수위의 변화 등의 과제가 남겨있다.

탕가니카호

탕가니카호 Tanganyika는 담수호 중 부피 기준으로 두 번째로 크고, 시베리아의 바이칼 호수에 이어 두 번째로 깊으며, 부룬디, 콩고민주공화국, 잠비아와 국경을 접하고 있다. 길이는 약 673km, 너비는 최대 72km이며, 호수의 최대 깊이는 약 1,470m로 아프리카에서 가장 깊은 호수이다. 탕가니카호는 지역 생태계와 경제에 중요한 역할을 담당하여 어업과 교통을 위해 호수에 의존하는 수많은 지역 사회를 지탱하고 있다. 호수의 물은 다양한 강과 하천, 그리고 직접 강우에서 나오며 주요 유출수는 콩고강으로 흘러드는 루쿠가강 Rukuga이다.

말라위호

탄자니아에서는 니아사호 Nyasa로 불리는 말라위호Malawi

는 탄자니아 남서부에 위치하며 말라위, 모잠비크, 탄자니아와 국경을 접하고 있다. 면적 기준으로 아프리카에서 세 번째로 큰 호수로, 면적은 약 29,600㎢에 달하며 길이는 약 580km, 폭은 16km에서 80km까지 다양하다. 최대 수심은 약 706m로 아프리카에서 가장 깊은 호수 중 하나로 샤이어강 Shire을 주축으로 여러 강과 강우로부터 물을 공급받으며, 잠베지강 Zambezi으로 흘러든다.

4. 기후

탄자니아의 기후는 해안 지역, 고지대, 그레이트 리프트 밸리를 포함한 지리적 특성으로 인해 다양하다. 탄자니아의 기후는 두 가지 주요 요인에 의해 결정되는데, 인도양에서 불어오는 계절풍의 연간 변화와 고도이다. 우선 바람은 10월에서 12월까지 북동쪽에서 바람이 불며 섬과 탄자니아 내륙 대부분에 짧은 비가 내린다.

	Average Temp [High / Low]	Average Rainfall
January	82° / 55°	2.6 in.
February	82° / 57°	3.0 in.
March	81° / 59°	5.4 in.
April	77° / 61°	8.8 in.
May	73° / 59°	3.3 in.
June	72° / 55°	0.7 in.
July	72° / 54°	0.3 in.
August	73° / 54°	0.2 in.
September	77° / 55°	0.3 in.
October	81° / 57°	0.9 in.
November	81° / 57°	4.7 in.
December	81° / 57°	4.1 in.
탄자니아의 기후[4]		

바람이 바뀌기 시작하여 3월에는 남서쪽에서 불어와 내륙으로 습기를 밀어내 탄자니아 대부분에

---

4) https://www.kitanotours.com/Climate-in-Tanzania

긴 비가 내린다. 6월에서 9월까지는 바람이 육지에서 바다로 불어 비가 거의 내리지 않는데, 이 바람의 방향 덕분에 선원들은 동아프리카 해안을 따라 항해할 수 있었다. 다음으로 탄자니아 지형의 고도가 바람의 패턴에 영향을 미쳐 해안 동쪽 면에 더 많은 비가 내림으로 인해 서쪽의 고지대는 습기가 도달하지 못하게 된다.

5. 인구

5.1. 인구 통계

탄자니아는 다양한 문화와 높은 인구 증가율이 특징이다. 탄자니아의 현재 인구는 2024년 기준 6,942만 명 정도로, 세계 21위다. 아프리카에서 탄자니아보다 인구가 많은 나라는 콩고민주공화국, 이집트, 에티오피아, 나이지리아 4개국이 전부다. 탄자니아의 인구는 99%가 아프리카인이고 1%가 비아프리카인이다. 아프리카인 주민들은 반투족 계열로 오백만이 넘는 수쿠마족 Sukuma과 하야족 Haya, 니암웨지족 Nyamwezi, 차가족 Chagga, 등과 나일로트족 Nilotic 계열인 마사이족 Maasai, 루오족 Luo 등이 있다. 이외에 코이산 Khoisan 어족과 아프리카아시아 Afroasiatic 어족의 일파인 쿠시어 Cush를 사용하는 종족 등 120개가 넘는 여러 종족을 포함한다. 그리고 비 아프리카인 주민들에는 남아시아인, 아랍인, 유럽인들이 속한다.

탄자니아의 인구 대다수는 여전히 북쪽 국경이나 해안, 농촌 지역에 거주하고 있다. 도시화의 진행으로 지역별로 불균등하게 분포되어 있으며, 인구 밀도에도 상당한 차이가 있다. 이러한 분포는 경제 활동, 자원 가용성, 그리고 사회 기반 시설 개발을 반영하며, 도시 지역은 더 나은 서비스와 기회로 인해 더 많은 사람이 모이고 있다.

5.2. 연령 분포

탄자니아는 젊은 인구 비율이 높은 젊은 국가로 상당수의 인구가 15세 미만이다. 이 연령대는 전체 인구의 약 44~45%를 차지하는데, 이는 높은 출산율과 의료 서비스 개선으로 유아 사망률이 감소했음을 보여준다. 생산가능 인구: 15세에서 64세 사이의 생산가능 인구는 전체 인구의 약 52~53%를 차지하며 탄자니아의 노동력과 경제 발전에 매우 중요하다. 65세 이상의 노인 인구는 전체 인구의 약 3~4%로, 소수에 불과하다. 이러한 연령 분포는 탄자니아에 기회와 과제를 동시에 제시한다. 많은 젊은 인구는 교육과 고용을 통해 효과적으로 활용될 경우 경제 성장의 잠재력을 제공할 수 있으나, 적절한 교육, 의료, 고용 기회 제공 측면에서 과제를 남겨준다.

5.3. 인구 증가

탄자니아는 지난 수십 년 동안 여성 1인당 평균 자녀 수는 4~5명의 높은 출산율에 힘입어 급속한 인구 증가를 경험했다. 2010년 탄자니아의 인구는 연간 약 2%의 비율로 증가했다. 1,000명당 33명의 출생과 12명의 사망, 탄자니아 내부로의 이주자는 1,000명당 거의 -1명을 볼 때, 자연 증가율이 인구 증가의 원인이다. 의료 서비스 개선으로 유아 사망률을 포함한 사망률이 낮아져 인구 증가가 더욱 가속화되었고, 인구의 상당 부분이 젊은 세대이기 때문에, 이러한 젊은이들이 가임기에 접어들면서 인구 증가 추세가 지속되고 있다.

하지만 급속한 인구 증가는 적절한 사회 기반 시설, 교육, 의료, 고용 제공 측면에서 기회와 어려움을 동시에 안겨준다. 그러나 젊은 인구가 노동 시장에 효과적으로 통합될 수 있다면 경제 발전의 기회도 제공할 수 있다.

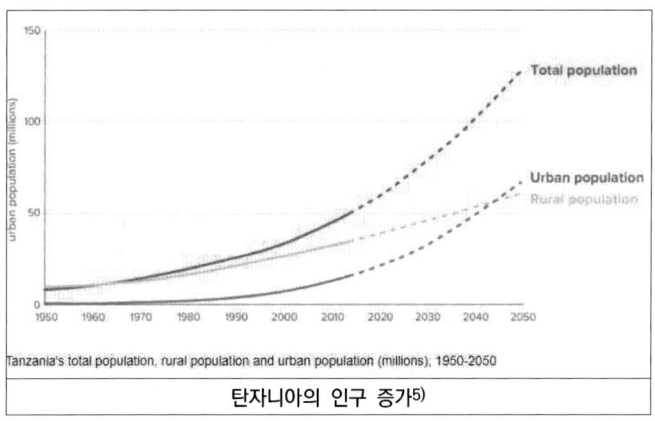

탄자니아의 인구 증가[5]

---

5) https://www.researchgate.net/figure/Tanzanias-total-population-rural-population-and-urban-population-millions-1950-2050_fig11_318878374

6. 언어

탄자니아에는 120개 이상의 종족 집단이 있으며, 각 종족은 고유한 언어 또는 방언을 사용하는 동아프리카에서 언어학적으로 가장 다양한 나라 가운데 하나이다. 또한, 아프리카 대륙의 4대 주요 종족언어 집단인 반투어족, 쿠시족, 나일족, 코이산족을 모두 대표하는 부족을 보유한 유일한 아프리카 국가이다. 우선 국가의 공식어는 스와힐리어이다. 대부분이 반투족으로 구성된 탄자니아인에게는 언어 구조와 어휘가 반투어와 유사한 스와힐리어는 자연스런 습득이 용이하다. 또한, 영연방 회원국인 탄자니아는 스와힐리어와 함께 영어 또한 널리 쓰이고 있다. 탄자니아에서 영어는 공식 언어 중 하나로 정부 행정, 고등 교육, 국제 비즈니스 등 공식적인 환경에서 널리 사용된다. 또한 많은 중등학교와 대학교에서 교육 수단으로 사용한다. 특히 도시 지역과 교육 수준이 높은 계층의 사람들은 대부분 3개 언어를 구사할 수 있는데, 그 가운데에는 영어도 포함된다. 약 4백만여 명이 영어를 제2언어 수준으로 구사해 영어가 널리 쓰이고 있다.

주요 토착어로는 반투어족에 속하는 수쿠마어, 차가어, 하야어, 니암웨지어 이외에도 나일어, 쿠시어, 코이산어 등이 있다. 이러한 토착어는 주로 농촌 지역과 특정 종족 공동체에서 사용된다. 이러한 언어적 다양성은 다양한 종족 집단의 문화적 정체성과 역사적 이동 및 상호 작용을 반영한다.

6.1. 스와힐리어

스와힐리어(언어 자체로는 키스와힐리어 Kiswahili로 불림)는 탄자니아, 케냐, 르완다, 부룬디, 그리고 콩고민주공화국 일부 지역을 포함하는 아프리카 동부에서 널리 쓰이는 반투어족 언어이며, 탄자니아의 국어이다. 또한 스와힐리어는 이 지역의 여러 다른 국가에서도 링구아 프랑카 lingua franca(모국어가 다른 사람들이 상호 이해를 위하여 만들어 사용하는 언어)로 사용되고 있다.

동아프리카 토착어 사용 지역[6]

---

6) https://www.britannica.com/place/eastern-Africa

탄자니아 내에서 쓰이고 있는 모든 토착어는 반투어군이나 쿠시어파, 나일어파, 코이산어족에 속하며 1984년 헌법엔 지정된 공용어는 없으나 각 민족간 융합을 위하여 줄리어스 니에레레 Julius Nyerere(1922~1999; 탄자니아의 독립 운동가이자 초대 대통령으로, 탄자니아의 국부) 대통령이 스와힐리어를 국민 언어로 육성하여서 국민 대다수가 스와힐리어를 쓴다. 탄자니아 국민 가운데 약 1천 5백만여 명이 스와힐리어를 모어로 구사하고 약 3천 2백만여 명이 제2언어 수준으로 구사해 탄자니아 내에 총 약 4천 7백만여 명의 스와힐리어 화자가 있다.

스와힐리어는 탄자니아의 여러 민족 집단에서 공통어로 사용되어 다양한 언어적 배경을 가진 사람들 간의 소통과 상호 작용을 촉진한다. 주로 초등 교육 및 지방 행정에 사용되어 더 많은 사람들이 쉽게 접할 수 있다. 이와 함께 스와힐리어는 탄자니아 국민의 역사와 정체성과 깊이 연관되어 있어 문학, 음악, 구전 전통 등의 문화적 중요성을 지닌다. 스와힐리어는 동아프리카 해안을 따라 형성된 역사적 무역 관계로 인해 아랍어를 포함한 여러 언어의 영향을 받았다. 이러한 영향으로 아랍어뿐 아니라 영어, 포르투갈어, 힌디어에서 유래한 단어들이 어휘를 풍부하게 만들었으며, 이는 스와힐리어와 스와힐리어의 역사적 상호 작용을 반영한다.

6.2. 수쿠마어

수쿠마어는 탄자니아에서 사용되는 주요 토착어 중 하나로 탄자니아 북서부, 특히 빅토리아호 주변에 주로 거주하는 탄자니아에서 가장 큰 민족인 수쿠마족이 사용한다. 니제르-콩고어족 Niger-Congo에 속하며 사하라 이남 아프리카 지역에서 널리 사용되는 반투어족 언어의 하위어이다. 수쿠마어에는 여러 방언이 있으며, 발음과 어휘 면에서 상당한 차이를 보이나, 일반적으로 서로 소통이 가능한 정도이다.

6.3. 차가어

차가어는 주로 탄자니아 북동부 킬리만자로산의 남쪽과 동쪽 경사면에 거주하는 차가족이 사용하는 니제르-콩고어족 아래의 반투어족 언어로 키차가 Kichaga라고도 한다. 차가어는 키분조 Kivunjo, 키마랑구 Kimarangu, 키롬보 Kirombo, 키모치 Kimochi, 키마차메 Kimachame, 키키보쇼 Kikibosho 등의 여러 방언으로 구성되어 있으며, 각 방언은 서로 다른 차가족 공동체와 관련이 있다.

6.4. 하야어

하야어는 탄자니아 북서부 지역, 부코바 Bukoba 지역, 특히 빅토리아호 인근 카게라 지역의 주요 민족인 하야족이 사용하는 니제르-콩고어족 아래의 반투어족 언어이다. 다양한 방언이 포함되어 있지만, 일반적으로 서로 소통이 가능하며 하야 공동체에 따라 발음과 어휘에 약간의 차이가 있을 수 있다.

6.5. 나일어

나일어라는 단어는 나일강 또는 아프리카의 나일 지역에서 유래했다. 나일족은 원래 수단의 게지라 Gezira지역에서 이주해 왔다. 오늘날 나일어 사용자들은 콩고민주공화국, 에티오피아, 케냐, 수단, 남수단, 탄자니아, 우간다의 일부 지역에 거주하고 있다. 나일어는 주로 탄자니아 북부 지역, 특히 그레이트 리프트 밸리 주변 지역과 케냐 국경 근처에 거주하는 여러 종족, 마사이족, 루오족, 다토가족 Datoga, 칼렌진족 Kalenjin 등이 사용한다.

6.6. 쿠시어

쿠시어는 40개 언어로 구성되어 있으며, 에티오피아, 에리트레아, 지부티, 소말리아, 그리고 케냐 북서부 지역에서 사용된다. 쿠시어를 사용하는 공동체가 있지만, 반투어족이나 나일어족만큼 두드러지지는 않는다. 쿠시어는 주로 북동부 지역의 소수 민족에 의해 사용되며, 가장 유명한 쿠시어족 언어는 이라크어이다.

6.7. 코이산어

코이산어는 주로 남아프리카에서 사용되는 독특한 언어이다. 다른 아프리카 지역에 비해 탄자니아에서 코이산어의 존재는 미미하다. 탄자니아에는 특히 하자족과 산다웨족을 중심으로 코이산어의 요소가 포함된 언어를 사용하는 소규모 공동체가 있다. 하자어는 탄자니아 북부 에야시 Eyasi 호수 근처에 거주하는 하자족이 사용하는 언어로 주요 코이산어를 포함한 다른 어족과 상이하다.

7. 종교와 교육

7.1. 종교

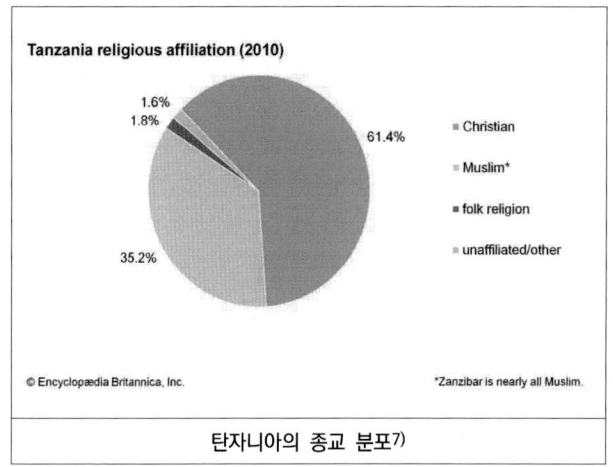

탄자니아의 종교 분포[7]

다양한 종교적 배경을 가진 탄자니아는 기독교와 이슬람이 주요 종교이다. 일부 공동체에서는 토착 신앙을 실천하기도 한다. 탄자니아 본토에서 널리 퍼져있는 기독교는 탄자니아의 주요 종교 중 하나로 로마 가톨릭교, 개신교 등 다양한 교파가 있다. 이슬람교는 탄자니아의 또 다른 주요 종교이며, 특히 해안 지역과 잔지바르 군도는 거의 모든 인구가 이슬람을 믿는다. 수니파 이슬람교가 지배적인 분파이며, 소수의 시아파 무슬림이 있다. 이슬람교는 특

---

[7] https://mtatiadventuresafari.com/an-overview-of-religion-in-tanzania-christianity-islam-witchcraft-and-more/

히 잔지바르와 다르에스살람과 같은 지역의 문화적, 사회적 관습에 큰 영향을 미치고 있다.

기독교와 이슬람 외에 전통적인 아프리카 토착 종교와 신앙 체계가 내륙의 농업 지역을 중심으로 존재한다. 토착 신앙은 조상, 영혼, 자연적 요소에 대한 숭배를 포함하며, 많은 공동체의 문화적, 영적 삶에서 중요한 역할을 한다. 이와 함께 탄자니아에는 인도계 사람들로 구성된 소규모 힌두교 공동체가 있다. 또한 불교와 바하이교를 포함한 다른 종교를 믿는 소규모 공동체도 있다.

7.2. 교육제도

탄자니아의 교육은 수년에 걸쳐 상당한 변화와 개선을 거쳤으며, 정부는 교육 접근성을 국가 발전의 핵심 요소로 규정하고 있다. 탄자니아 교육 시스템은 유치원 2년, 초등 교육 7년, 중학교 4년, 고등학교 2년, 대학 3년 이상으로 구성된다.

1) 유치원 교육 현황

유치원 교육은 일반적으로 3~6세 아동을 대상으로 초등학교 입학을 준비시키는 것을 목표로 한다. 탄자니아 유치원 교육은 인지, 신체, 사회, 정서, 언어 능력을 포함한 아동의 종합적인 발달에 중점을 두고 기본적인 읽기, 쓰기, 셈하기 능력뿐 아니라 정규 학교 생활에 필요한 사회성 및 행동 능력을 개발하는 것이 포함된다. 유아교육에서는 일반적으로 스와힐리어를 사용하며, 초등학교 입학을 준비하기 위해 영어를 점진적으로 도입하여 영어가 더욱 광범위하게 사용될 수 있도록 하였다.

2) 초등교육 과정

탄자니아 정부는 2001년 초등교육 개발프로그램의 일환으로 무상 초등교육을 처음 시행하였다. 이 정책은 많은 가정에 걸림돌이 되어 왔던 학비와 관련 비용을 절감하여 초등교육 접근성을 높이는 것을 목표로 했으며, 이를 통해 전국의 초등학교 취학률을 크게 높였다. 초등 교육은 아동의 교육 및 발달을 위한 종합적인 기반을 제공하는 것을 목표로 총 7년 동안 여러 단계로 구성된다.

3) 중등교육 과정

중등교육은 크게 일반 수준(Ordinary Level; O-레벨)과 고급 수준(Advanced Level; A-레벨)의 두 단계로 나뉜다.

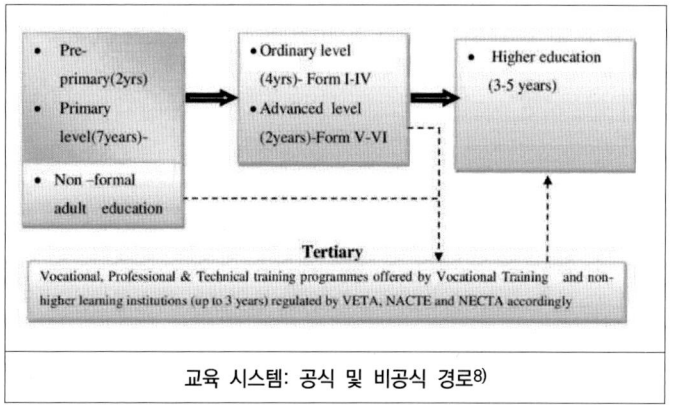

교육 시스템: 공식 및 비공식 경로[8]

4) 고등 교육 과정

---

8) https://www.researchgate.net/figure/The-education-system-in-Tanzania-Formal-and-non-formal-paths_fig1_287200487

고등 교육은 다양한 분야의 고급 지식과 기술을 제공하도록 여러 단계로 구성되어 있으며, 주로 학부 과정과 대학원 과정으로 구성된다. 이 외에도 직업 훈련 프로그램을 제공하는 종합대학과 단과대학이 있다.

현재 탄자니아에는 다르에스살람 대학교, 소코이네 농업 대학교, 무힘빌리 건강 및 연합 과학 대학교, 국제의료기술대학교를 포함하여 12~15개의 공립대학과 아루샤 대학교, 위베르 카이루키 기념 대학교와 같은 약 20~30개의 사립 대학이 있다. 탄자니아 대학교는 공학, 의학, 농업, 사회과학, 교육, 경영학, 법학 등 다양한 분야에 걸쳐 광범위한 학부 과정과 인문학 학사 및 이학 학사 학위가 일반적이며, 공학 및 의학과 같은 분야의 전문 과정도 있다. 대학원 교육의 경우, 탄자니아 교육 기관은 석사 및 박사 과정을 제공하며, 경영학, 교육, 공학, 보건 과학, 자연 과학 등의 분야를 포괄한다.

독립 이후 1990년대 중반까지 정부는 교육 부문의 핵심 주체였다. 하지만 자원 제약으로 인해 정부는 그 이후로 공공, 비영리(예: NGO), 민간 기관의 교육 제공을 촉진할 수 있는 지원 환경을 조성하여 교육 부문의 운영 및 확장을 쉽게 하려고 노력해오고 있다. 영국과 미국과 같은 우호 국가로부터의 양자적 재정, 기술 및 연구 지원도 탄자니아 교육 부문의 개발을 진전시키는 데 도움이 되고 있다.

8. 도시

탄자니아에는 약 300개의 주요 도시 지역이 있다. 이 중 가장 큰 도시는 다르에스살람으로 주요 경제 중심지이자 도시 인구가 가장 많다. 빅토리아호 근처에 위치한 므완자 주요 외교 중심지로 알려져 있으며, 탄자니아의 여러 국립공원으로 가는 관문인 아루샤, 잔지바르, 정치 중심지로서의 위상으로 성장한 도도마, 남서부의 중요한 농업 및 교통 중심지인 음베야 Mbeya, 울루구루 산맥 근처에 위치한 중요한 농업 중심지 모로고로 Morogoro, 그리고 케냐 국경 근처의 북동부 항구 도시 탕가 등이 탄자니아를 대표하는 도시이다.

1) 다르에스살람

인도양을 마주 보고 있는 탄자니아 동부 해안에 있는 다르에스살람은 탄자니아 최대 도시이자 과거 수도였던 곳이다. 1866년에 아랍어로 평화의 안식처라는 다르에스살람으로 명명되었다. 1974년 도도마가 새로운 수도로 지정된 이후, 다르에스살람은 탄자니아의 경제 및 문화 중심지로서의 중요성을 유지했고, 탄자니아 중앙은행, 국세청, 항만청, 통계청 등 많은 정부 기관과 미국, 영국, 독일, 프랑스, 이탈리아, 중국, 일본 등의 대사관이 여전히 도시에 남아있다.

2) 므완자

므완자는 탄자니아 북서부, 빅토리아호 남쪽 기슭에 위치한 도시로 므완자 지역의 중심지이다. 수쿠마족을 중심으로 다양한 종족이 공존하며 문화적 다양성이 므완자의 장점이다. 지역 전통, 언어, 축제에도 반영되어 있다. 므완자는 다양한 문화 행사를 개최하고 활기찬 예술 문화를 자랑한다. 세렝게티 국립공원과 루본도 Rubondo 섬을 비롯한 여러 섬은 도시와 자연이 조화를 이루는 경관을 자랑한다.

3) 아루샤

종족의 이름을 따서 명명된 아루샤는 탄자니아 북부의 도시로, 메루산 기슭과 그레이트 리프트 밸리 동쪽 가장자리에 위치한다. 온화한 기후는 주민과 방문객 모두에게 매력적인 곳 환경으로 작용한다. 다양한 종족이 어우러져 활기찬 문화 활동을 펼치는 문화적으로 다채로운 도시 아루샤는 인근에서 채굴되는 유명한 탄자나이트 원석을 비롯한 예술과 공예로 유명하다.

4) 도도마

탄자니아 중부에 있는 도도마는 1974년부터 탄자니아의 수도이자 정치 중심지로, 탄자니아 의회와 정부 청사가 자리 잡고 있다. '침몰한 곳'을 뜻하는 현지 와고고 사람들의 방언에서 유래한 도도마는 정치 수도로서 정부 청사, 도로, 주택 등 사회 기반 시설에 대한 투자가 확대되며, 수도로서 지속적으로 개발되어 탄자니아의 행정 중심지로서의 역할을 담당한다.

5) 음베야

탄자니아 남서부에 있는 음베야는 농업 생산성, 문화적 다양성, 그리고 전략적 위치로 중요한 지역 중심지이다. 이 도시는 탄자니아와 잠비아를 연결하는 탄잠 고속도로와 타자라 철도와 인접한 무역의 중심지이기도 하다: 음베야는 다양한 문화를 자랑하며, 다양한 민족 집단이 사회 구조에 기여하고 있다.

6) 모로고로

모로고로 Morogor는 탄자니아 동부, 울루구루 Uluguru 산맥 기슭에 위치한다. 모로고로는 해안 지역에 비해 아름다운 경관과 시원한 기후를 가진다. 도시 주변의 울루구루 산맥은 다양한 동식물의 서식지이자 중요한 생태 지역으로 유명하다.

7) 탕가

탄자니아 북동부, 인도양 연안에 있는 도시 탕가는 탄자니아의 가장 오래된 도시 중 하나이다. 탕가는 다양한 민족 집단과 아랍, 인도, 유럽 상인 및 정착민의 영향을 받아 문화적 다양성을 갖추고 있다. 스와힐리 건축 양식과 해안 전통 등 풍부한 역사적 유산과 다양한 문화를 가진 탕가는 지닌 탄자니아의 중요한 도시 지역 허브로서 중요한 역할을 하고 있다.

9. 산업

탄자니아는 풍부하고 다양한 자연 자원을 가지고 있다. 주요 자연 자원에는 호수, 강, 인도양 등의 수산 자원과 산과 균열 계곡과 같은 주요 지형, 상업적 광물 매장지, 야생동물, 숲 등이 있다. 그리로 이러한 자원을 활용하여 국가 경제의 발전에 기여한다. 농축 산업은 탄자니아 경제의 중추이며, 많은 산업이 농업을 기반으로 한다. 인도양을 따라 뻗어 있는 탄자니아 해안선은 활발한 어업을 뒷받침하며 어업 생산에 기여하는 수많은 내륙 수역이 있다. 탄자니아는 풍부한 광물을 보유하고 있으며, 광업은 중요한 산업이다.

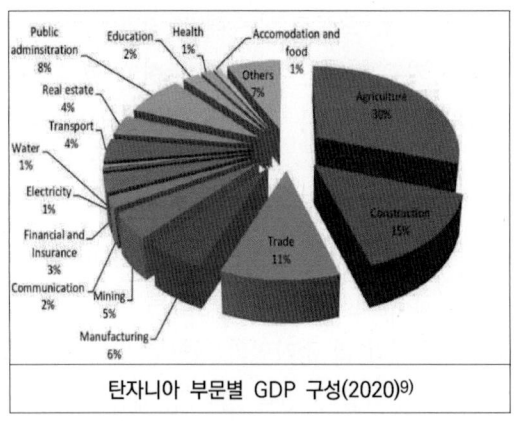

탄자니아 부문별 GDP 구성(2020)[9]

탄자니아의 임업은 국토 면적의 약 55%를 차지하는 광대한 삼림 자원으로 구성된다. 제조업 부문에는 소비재, 섬유, 시멘트, 음료, 식품 생산 등이 산업화를 촉진하고 수입 의존도를 낮추기 위한

---

9) https://www.researchgate.net/figure/GDP-composition-by-sectors-in-Tanzania_fig1_340923204

정부 정책의 지원을 받아 성장하고 있다. 그리고 전통적인 의미의 산업은 아니지만, 관광업은 탄자니아 경제의 중요한 부분을 차지한다. 야생동물과 자연 명소로 유명한 세렝게티 국립공원, 킬리만자로산, 잔지바르 군도가 중심이 된 관광업은 상당한 수입과 고용을 창출한다. 탄자니아의 산업 역량은 부족한 인프라, 제한된 자금 접근성, 규제 장벽 등의 어려움에도 불구하고 부가가치 창출, 다각화, 그리고 기술 및 인프라 투자 분야에서 성장과 발전의 잠재력을 가지고 있다. 탄자니아 정부가 산업화와 경제 다각화에 집중함에 따라 탄자니아 산업 부문의 경제 기여도는 더욱 높아질 것으로 예상된다.

10. 경제 현황

탄자니아의 경제는 동아프리카에서 가장 큰 규모 중 하나이며 지난 수십 년 동안 꾸준한 성장을 경험해 왔다. 탄자니아는 코로나19 팬데믹 이전에도 연평균 5~6%를 넘는 꾸준한 경제성장을 이루었으며, 광업, 통신, 건설, 농업 등 다양한 산업이 주도했다. 2023년 데이터를 기준으로 탄자니아의 GDP는 854.21억 달러, 1인당 GDP는 1.348.55달러이다. 탄자니아의 경제 규모는 790.6억 달러(2023년 기준)로, 세계 192개국 중 66위에 해당한다. 이러한 수치는 동아프리카에서는 케냐에 이어 두 번째로 큰 경제국이며, 사하라 이남 아프리카에서는 일곱 번째로 큰 경제국임을 보여준다. 그리고 서비스 부문과 인프라 투자에 힘입어 2023년에는 5%대의 경제 성장과 무역과 관광 등 서비스 부문, 광업 및 인프라 투자가 2023년 말부터 2027년까지 탄자니아 경제 성장의 점진적인 회복을 이끌 것으로 예상되었다.

제2장 종족의 등장

인류는 약 600만 년 전 침팬지와의 공통 조상으로부터 분화한다. 그리고 약 390만 년 전 아프리카에서 '남쪽의 유인원'을 의미하는 오스트랄로피테쿠스가 최초로 나타났다. 1974년 11월 24일, 동아프리카의 에티오피아 북동부 하다르 Hadar의 아프리카 삼각주에 있는 계곡 부근에서 발굴되어 '루시 Lucy'라고 명명된 화석이 대표적이다.

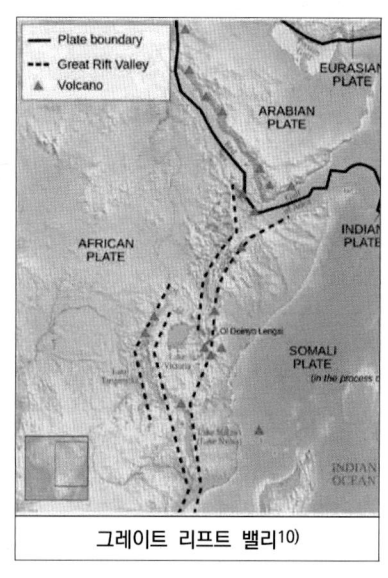

그레이트 리프트 밸리10)

이후, 230만 년 전에서 240만 년 전 사이에 오스트랄로피테쿠스로부터 분리된 '똑바로 선 사람'을 뜻하는 호모 에렉투스가 아프리카를 떠나 전 세계로 퍼져 나가게 된다. 그리고 약 35만 년 전부터 현생 인류인 '슬기로운 사람'을 의미하는 호모 사피엔스가 출현했다.

탄자니아가 위치하는 동아프리카는 인류의 요람으로 불리는 인류 진화 과정에서 중요한 공간이었다. 이 지역, 특히 그레이트 리프트 밸리에는 초기 인류 조상에 대한 풍부한 화석이

---

10) https://www.studentsofhistory.com/great-rift-valley

발견되는 곳이다. 호모 사피엔스는 동아프리카에서 아프리카의 다른 지역으로, 그리고 아프리카 대륙 밖으로 이동하여 전 세계로 퍼져나가 오늘날의 다양한 인구 집단을 형성하였다. 이처럼 동아프리카의 독특한 지질학적 및 환경적 조건은 인류 진화를 이해하는 데 중요한 지역이 되었으며, 과거를 들여다볼 수 있는 창을 제공한다.

1. 종족의 출현

1.1. 인류의 요람

오늘날의 에티오피아, 케냐, 탄자니아로 구성된 지역, 특히 탄자니아 북부의 올두바이 협곡 Olduvai Gorge 주변 지역은 유난히 인류의 화석이 많이 나온 곳으로 유명하다. 케냐 출신의 영국 고고학자인 루이스 리키키 Louis Leakey

올두바이 협곡의 위치[11]

(1903~1972)는 1931년 동아프리카 지구대의 한 부분인 이곳에서 석기를 발견했고, 기원전 200~150만 년 경의 지층에서 50여 종의 석기를 발견한 것을 시작으로 1959년부터 1963년 인간 조

---

11) https://www.britannica.com/place/Olduvai-Gorge

상의 가장 오래된 유해, '도구를 사용하는 사람'인 호모 하빌리스 Homo Habilis, 을 발굴한 바 있다. 이 협곡에는 풍부한 동물화석과 함께 고인류의 화석 등 가장 긴 시기에 걸친 고고학 자료가 흩어져 있다.

오랜 세기에 걸쳐 인류의 조상은 동아프리카 지역에서 석기를 만들고 사냥과 채집 생활을 하였다. 석기시대 말기에 속하는 약 1만 년 전부터 인간은 식물을 재배하고 동물을 길들여 스스로 식량을 공급하였다. 이에 따라 인구가 천천히 증가하고 집단을 이루며 주변의 자원을 이용하기 위한 기술을 개발한다. 이 과정에서 집단의 분리가 발생, 공동체가 서로 다른 환경에 적응하고 유전자의 무작위 돌연변이를 통해 매우 미묘한 방식의 유전적 진화가 이루어졌다. 탄자니아의 인간 역사는 5,000년에서 10,000년 전으로 거슬러 올라가며, 현대 탄자니아인의 조상 대부분이 기원후 1천 년경부터 1,700년대까지 이 지역으로 이주한다.

1.2. 석기시대의 채집과 사냥

현재 탄자니아의 초기 원주민은 남부 아프리카의 수렵 채집인이었다. 지구의 마지막 빙하기가 11,700년 전에 끝나고 5,000년 전부터 인류는 이전에 경험하지 못했던 따뜻하고 습도가 높은 온난다습한 기후를 맞았는데, 이런 기후는 인류가 생존하기에 최적의 조건이었다. 탄자니아 지역에 거주하던 원주민 역시 따뜻한 열대 기후, 리프트 밸리 곳곳의 동굴, 풍부한 야생 과일과 야생동물을 활용해 번성했다. 이들은 주로 계절에 따라 다양한 종류의 음식을 이용하기 위해 정기적으로 이동하는 소규모 이동식 무리를 형성했다. 그들이 이용한 자원의 종류는 그들이 사는 환경에 따라 달랐다. 호수와 강과 같은 큰 수역 근처에 사는 사람들은 물고기를 잡고 수로를 따라 자라는 과일과 곡물을 수집했다. 사바나에서는 이들 무리가 영양과 같은 사냥감을 쫓아가 사냥했다. 따라서 거의 모든 경우 과일, 견과류, 열매, 야생 곡물과 같은 식물이 식단 대부분을 차지했을 것이다.

이 정착민들은 다양한 돌, 나무로 만든 도구와 무기를 만들어 채집과 사냥, 그리고 종족 방어에 사용했다. 당시 탄자니아에 거주했던 이 초기 정착민의 잔재는 탄자니아 북중부의

산다웨족 거주 지역12)

산다웨족 Sandawe(탄자니아 중부 도도마 Dodoma 지역에 거주하는 동남 아프리카의 토착 민족. 2000년에 산다웨족 인구는 40,000명으로 추산)과 하자족 Hadza 또는 Hadzabe(탄자니아 북동부의 토착 수렵채집 민족으로, 주로 아루샤 Arusha 지역 남서쪽에 거주. 하자족 총 인구는 1,300명으로 추정)에게서 나타난다. 하지만 아쉽게도 이들의 거주지, 석기 도구와 목제 무기, 유골, 암벽화 외에는 유물이나 구전 역사 또는 기록 자료는 거의 존재하

---

12) https://joshuaproject.net/people_groups/14720/TZ

지 않는다.

1.3. 농업과 목축의 등장

기원전 3,000년에서 기원전 2,000년에 걸쳐 지구는 건조한 시기를 맞았다. 비가 적게 내려 메마른 기후가 계속되면서 사람이 살기 좋던 곳이 황량한 사막으로 뒤바뀌었다. 동아프리카 지역의 기후는 새로운 건조기로 접어들었다. 숲은 점차 사라지고 호수의 수위는 오늘날과 비슷한 수준으로 떨어졌다. 탄자니아에 거주했던 수렵채집민, 어부, 사냥꾼 등의 집단은 점차 생계 방식을 바꾸지 않을 수 없게 된다. 그리고 이 시기에 목초지로 뒤덮인 리프트 밸리와 탄자니아의 고지대에는 아프리카의 뿔 Horn of Africa 또는 소말리아 반도 지역에 거주하던 쿠시어족 유목민들이 정착하였다. 이들은 아마도 나일강의 흐름을 따라 가축화된 소과 동물의 유목과 또한 사냥 생활을 수행한 부족 집단이었다.

아울러 다수의 토기와 맷돌의 흔적이 있었음을 감안할 때 반투족 Bantu에 의한 농업의 도입을 가정할 수 있다. 이들은 빅토리아호 지역과 나일강 상류 유역에 분포한 채 유사한 문화적 속성을 보인다. 농경과 목축에 의한 식량 생산을 기반으로 한 환경의 변화와 인구의 증가로 인해 수렵채집에 의존했던 산다웨족과 하자족은 그 존재 영역이 축소되고 새로운 농업 사회에 동화되었다.

2. 철기 시대의 시작

철기 시대(1200~586 BC)에 수 세기 동안 서부 아프리카에서 또 다른 집단의 사람들, 반투족의 조상이 탄자니아 북부에 도달했다. 그들의 정착지는 빅토리아호, 우삼바라 산맥의 기슭, 탕가, 탕가니카호 동쪽 기슭 등이었다. 이 초기 철기 시대 반투족은 탄자니아 북부의 습한 지역에 정착하여 채집한 식용 식물과 호수에서 잡은 물고기를 주식으로 삼고 재배한 채소를 섭취하며 생계를 유지했다. 그러나 매우 희박했던 인구수로 인해 이들 지역의 정착민들 사이, 즉 농업 주민과 목축인 사이의 교류가 있지는 않았고 두 집단의 식생활은 제한적이었을 거라 추측된다.

서기 1천 년경에 농사와 사냥 도구를 대체하기 위한 철제 기술의 습득이 지역에 따라 다른 시기에 이루어진다. 철기 기술의 도입과 사용은 농업, 전쟁, 정착 양식을 포함한 삶의 다양한 측면을 변화시켰다. 석기시대에서 철기 시대로의 전환은 단순한 기술적 발전을 넘어 광석의 존재를 인식했음을 의미한다. 다시 말해 당시의 인류가 광석의 재질 변환 과정을 숙지함과 동시에 야금술을 통해 자연에 존재하지 않는 모양을 창조한 것이다. 이제 인간은 변형보다는 창조를 할 수 있게 되었다. 아프리카에 철기 문화의 도입과 확립 시기, 그리고 대륙 전역으로의 확산이 언제 진행되었는가에 관한 논란은 여전하다. 심지어 구리와 주석의 합금인 청동의 발견과 확산 또한 그 기원이 불분명하다.

철기 사회의 도래는 동아프리카의 농업 생산성을 증가시켰다. 본격적인 생산 경제로의 전환은 그때까지의 사냥꾼과 채집꾼이 건드리지 않았던 농업 지역의 확장을 촉진한다. 더욱 흥미로운 점은 강수량이 많은 지역과 숲이 우거진 곳의 바나나 작물 지역이 철제 도구를 사용하는 농부에 의해 농경지로 개간된 점이다. 석기 도구에 의존해 땅을 개간해야만 했던 농부의 제한된 능력이 철기 기술의 도입으로 새로운 경제 체제로 전환된 것이다. 이제 공동체는 식량 작물의 재배와 가축의 사육을 동시에 수행하게 되었다.

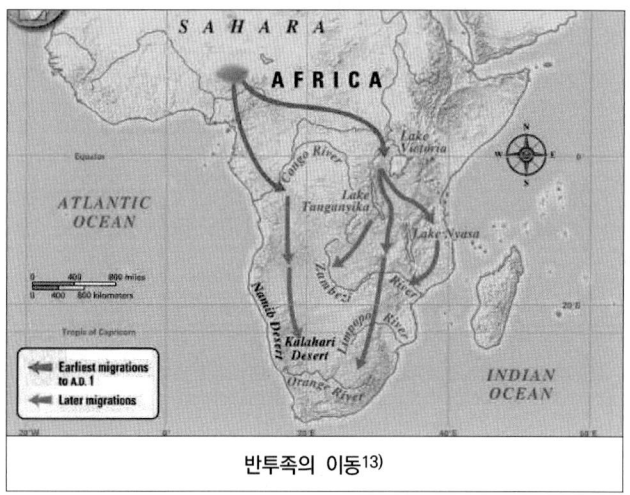

반투족의 이동[13]

---

13) https://www.oriire.com/article/unraveling-the-mysteries-of-the-bantu-dispersal-a-journey-through-time

반투족의 도래

악숨 Aksumite 왕국이 쇠퇴하면서 반투족은 내부 세력의 영향으로 북서 아프리카에서 동남아시아로 이주한다. 이들은 아프리카 언어인 스와힐리어와 남아프리카 공화국 최대 민족인 줄루어의 사용자를 모두 포함하기 때문에 사실상 북위 5도 이하의 아프리카 남부, 곧 사하라 이남 아프리카 지역에 가장 많은 민족군이라고 볼 수 있다.

반투어족의 이동은 아프리카 역사에서 수천 년에 걸쳐 일어난 변혁적인 사건으로, 사하라 이남 아프리카 전역으로 반투어를 사용하는 사람들의 확산을 포함한다. 반투어족은 점진적인 이동을 통해 아프리카 대륙의 문화, 언어, 역사, 교육적 지형을 형성하는 데 중추적인 역할을 하였다. 인구 증가, 환경 변화, 그리고 비옥한 농경지를 찾아 이주하는 등의 요인들이 그들의 동남부 확장을 촉진했다. 반투족은 이주 과정에서 다양한 아프리카 민족과 교류하며 문화 교류, 전통 융합, 그리고 새로운 사회 형성을 이루게 된다.

반투어족은 남쪽과 동쪽으로 적도 삼림 지대로 퍼졌고, 기원전 1000년 동안 동부와 중앙아프리카의 사바나 지역으로 퍼졌다. 또한, 많은 반투족이 동아프리카 해안 지역 사회에 정착하기 시작했는데, 이들은 언어, 문화적 전통, 특히 철물 기술을 전파했다. 반투족은 동아프리카 해안 지역에 거주하던 코이산족을 비롯한 아프리카 토착민들을 몰아내거나 그들과 섞이게 된다. 특히 오늘날 탄자니아와 케냐 해안 지역에서 이 현상이 두드러졌다. 또한, 이들은 남쪽으로 이동하여 수많은 어촌과 무역 마을을 건설했다. 이 마을들은 상아, 가죽, 석영, 보석을 수출했고, 그 대가로 반투족이 직접 만들 수 없는 면, 유리, 장신구 등 다양한 물품을 수입했다.

반투족은 농업에 적합한 환경인 빅토리아호 근처에도 이미 정착해 있었던 것으로 추정된다. 그리고 이들 반투어 사용자들은 몇 세기에 걸쳐 다양한 농업 관행과 함께 도자기와 철 야금술을 동아프리카에 널리 전파하였다. 7세기까지 탄자니아 중부, 서부, 남서부 내륙의 많은 지역은 채집과 수렵에 의존한 소수의 주민이 일부 거주하였다. 철기 시대 초기 반투족의 확산은 동아프리카의 초기 농업 생활과 연관성이 깊다. 반투족이 언제, 어디서 철기 기술을 습득했는지는 가설과 논쟁으로 남겨져 있음에도 불구하고, 그들의 기술적 능숙함은 반투족이 탄자니아 전역으로 확산하는 데 결정적인 역할을 하였다. 철기의 사용은 석기 도구를 사용하던 토착민에 비해 우위를 점할 수 있게 해 주었고, 또한 삼림 지역을 개간할 수 있는 능력이 제공해 주었기 때문이다. 8세기 무렵, 반투어를 사용하는 종족이 이미 인도양 연안에 정착했는데, 이는 최초의 아랍 여행자들이 반투어 용어를 차용한 것에서 알 수 있다.

11세기까지 반투어를 사용하는 공동체는 열대 우림 남쪽의 사바나 지역에서 출발해 후 빠르게 탄자니아 지역까지 확장되었다. 이들은 아주 일찍부터 고지대인 킬리만자로, 메루, 부코바 지역에서 바나나를 재배했고 초원인 므완자, 시냥가, 키고마, 싱기다 Singida 지역에서 수수와 기장과 같은 곡물을 재배했다. 농업 생산 수확물의 저장, 관리 및 유통은 이들로 하여금 자연스럽게 협력을 요구했고, 친족 관계, 씨족 및 혈통은 반투어 공동체의 삶에 중요한 역할을 담당했다. 가족은 생계 수단의 기초 생산 단위가 되었고 집단의 노인 세대는 지역 사회의 지도자로 등장하게 된다.

초기 반투어 확장에 대한 증거는 언어적 연구와 고고학적 연구를 통해 확인된다. 탄자니아가 포함된 동아프리카 지역의 철과 농업의 확산을 방사성 탄소 기법을 사용하여 연대를 측정함으로써 탄자니아 동부, 중부, 남부에서 반투어의 확산을 추정할 수 있다. 이미 철기를 사용했던 반투어 공동체는 탄자니아의 북동부 고원, 빅토리아호 지역, 잔지바르와 펨바섬을 포함한 해안 지역에 빠르게 확산되었다. 그리고 탄자니아 주요 지역을 계속 점령하면서 다양한 유형의 환경에 정착하여 생태계에 가장 적합한 작물을 재배하며 그 영향력을 확장하였다.

3. 그리스와 로마 제국과의 교류

고대 세계의 교차로에 있는 아프리카의 전략적 위치는 비단과 해상 무역의 세계적 중심지 역할을 했다. 문명의 태동기부터 아프리카 왕국과 주변의 제국들은 지중해, 아시아, 그리고 인도양 간의 상품, 사상, 그리고 문화 교류에 중요한 역할을 담당했다. 기원전 3000년경, 이집트 파라오들은 메소포타미아와 인더스 계곡과 교역했으며, 이후 악숨과 쿠시 왕국은 홍해를 통한 상아, 금, 향신료 무역을 장악했다. 한편, 동아프리카의 스와힐리 도시 국가들은 인도양 무역을 통해 번영하며 아프리카 대륙을 광대한 실크로드 네트워크와 연결하였다. 동아프리카는 인도양 무역망에서 중요한 역할을 하며 초기에는 홍해를 중심으로 상아, 모피, 향신료와 같은 사치품이 로마 제국과 교역하였다. 로마 제국이 멸망한 후, 아라비아 상인들이 이 무역을 장악했고, 반투어를 사용하는 아프리카인들이 이 지역으로 이주하면서 스와힐리어 해안에 정교한 문화를 형성하게 된다.

탄자니아를 비롯해 동아프리카 해안에 대한 초기 문헌적 자료는 그리스-로마 시대에 작성된 세 개의 자료가 남아있다. 첫 번째 자료는 기원전 5세기 사람인 헤로도투스 Herodotus (기원전 484년경~기원전 425년경; 고대 그리스의 역사가, 역사학의 아버지)가 저서 『역사 Histories』에서 간접적인 기록에 기반을 두었을지라도 고대 그리스인들이 이집트 남쪽 지역을 지칭하는 에티오피아, 수단, 그리고 아프리카 뿔 지역을 언급한 것이다.

두 번째는 1세기 중반에 익명의 그리스 상업 대리인이 쓴 항해 일지인 "에리트레아 해의 페리플루스 Periplus of the Erythraean Sea"이다. 이 기록은 초기 상업 역사의 가장 흥미로운 부분을 제공한다. 이 항해 일지에는 동아프리카 해안 정착민들의 경제 활동, 즉 농업, 어업, 파낸 카누와 꿰맨 작은 배와 바구니로 된 어망을 사용하여 물고기를 잡는 생활상에 대한 기록, 여러 지역에 조성된 마을에 있는 시장과 그곳의 책임자가 있음도 언급하고 있다. 이 저서는 서양 세계가 건조하고 지휘하는 선박을 타고 동아프리카 해안, 중동 및 지중해 지역과 조직적으로 무역과 상업적 접촉에 최초의 기록을 제공한다.

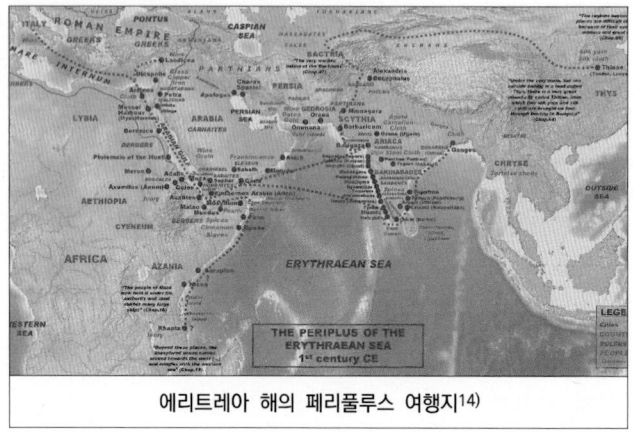

에리트레아 해의 페리플루스 여행지[14]

그리고 세 번째 자료는 프톨레마이오스(100년경~170년경; 고대 로마 시대에 활동한 그리스인 과학자이자 수학자, 지리학자, 천문학자, 음악가, 점술가)의 지리학이다. 이 책에는 기독교 시대 초기에 동아프리카 해안에 정착한 지역 사회의 존재가 기록되어 있으며, 해안의 여러 지역에 정착한 쿠시어족 혹은 이 무렵 해안에 도달한 반투족의 존재를 언급하고 있다. 아울러 열대 계절풍을 이용해 인도양의 선원들이 동아프리카 해안의 북쪽과 남쪽을 항행하며 지중해, 아라비아 지역과 접촉하고 교역하였음을 알려준다.

로마 제국 이전, 알렉산더 Alexander(356~323 BC) 대왕의

---

14) https://en.wikipedia.org/wiki/Periplus_of_the_Erythraean_Sea

죽음 이후 그리스 후계 국가 간의 치열한 경쟁 과정은 동아프리카 해안 지역과의 무역에도 영향을 끼쳤다. 페르시아의 셀레우코스 Seleucid 왕조=(312~633 BC)는 인도와 중국으로 가는 육로를 통제했으며 이집트의 프톨레마이오스 Ptolemaic 왕조(305~30 BC)는 홍해 경로를 사용하였고, 아라비아 반도의 남서쪽의 아덴 Aden은 지정학적인 중개자 위치로 교역을 발전시켜 이익을 차지하였다.

알렉산더 대왕의 헬레니즘 문명이 쇠락하고 로마 제국(27 BC~385 단일제국 /~480 서로마 /~1453 동로마) 시기에 속하는 2세기 초 동아프리카 해안은 제국의 경제 시스템에 동화되었다. 로마인들은 동남아프리카 해안, 엄밀히 말하면 현재 소말리아에서 모잠비크와 남아프리카 국경까지 뻗어 있는 여러 장소를 아자니아 Azania 로 불렀는데, 이는 아마도 각각 독립적인 수장을 둔 일련의 시장 마을을 지칭하는 용어였다. 프톨레마이오스는 아자니아가 "바다에서 멀지 않은" 강에 위치해 있다고 말한 바 있다. 다르에스살람에서 북쪽으로 5Km 정도 떨어진 작은 마을인 므사사니 Msasani는 이집트와의 교역이 빈번하게 이루어졌던 곳으로 페리플루스 항해 일지와 프톨레마이오스의 지리학에도 언급된 곳이기도 하다. 특히 프톨레마이오스는 이곳을 대도시라고 부르며 한 나라의 수도처럼 인식하였다. 해안가의 정착지는 크고 도시적인 중심지가 되었고 무역으로 인해 성장과 쇠퇴의 과정을 겪게 된다.

이 시대 시장 마을에서 가장 많이 거래된 상품은 열대 지역의 특산물로 상아, 코뿔소 뿔, 거북이 껍질, 용연향, 향신료,

노예, 금, 철 등이었다. 탄자니아 및 주변 지역에서는 이미 철을 가공하여 농기구와 무기를 제작하였기에 수입품의 경우 전문화되고 가치가 높았던 것 위주로 거래되었다. 통화로 사용되었을 구슬과 동전 그리고 고급 도자기, 실크를 포함한 천, 아마도 일부 금속 제품도 거래되었다. 탄자니아 북동부에서 인도양으로 흐르는 팡가니강과 다르에스살람 남쪽 50km에 위치한 루피지 삼각주 지역은 무역의 중심지에서 점차 정치적 영향력의 중심지로 변모하였다.

이렇게 주변의 강대국과의 교역을 통해 나름 번성했던 탄자니아의 동부 해안 지역은 3세기가 되며 로마 제국이 쇠퇴기로 접어들면서 그 시장의 위상이 상당히 위축된다. 아마도 탄자니아 해안에서 이루어졌던 직접 무역은 완전히 중단되었을 수 있다. 해안을 따라 있던 무역 정착지로서의 시장 마을은 상당히 작은 규모로 유지된 듯하다.

4. 이슬람의 출현과 전파

375년부터 568년까지 지속된 게르만족의 유럽으로의 이동과 정착과 그 후 476년에 서로마 제국의 몰락은 지중해 지역의 커다란 사회적, 정치적 변화를 가져왔다. 더 이상 지중해 연안은 예전처럼 서양의 중심지가 아니라 변방이 되었다. 지중해 지역에서 아랍의 확장은 유럽의 지정학에 큰 변화를 가져왔고, 이는 아프리카와의 관계에도 영향을 끼쳤다. 동아프리카와 로마와의 무역이 중단되었고, 과거 페르시아에 의해 동아프리카와 단절되었던 비잔티움은 이제 아랍과 이슬람에 의해 고립되게 된다.

610년 무함마드 Muhammad/Mahomet(570~632; 이슬람의 창시자이며, 이슬람교에서 마지막 예언자)가 창시한 이슬람의 아프리카 전파는 이슬람 상인, 선교사 등에 의한 평화적 방법과 군사적 정복이라는 두 가지 측면에서 이루어졌다. 아울러 이슬람은 이집트를 통해 북아프리카로 전파된 갈래와 홍해와 인도양을 따라 아프리카의 뿔 지역과 동아프리카 해안에 전파된 갈래로 구분된다. 동아프리카에서 이슬람의 전파는 해안의 북쪽에서 8세기 초에 현재 소말리아 남동부의 바나디르 Banaadir 해안에서 시작되었을 것이라 추정된다. 우마이야 Umayyad 왕조 (661~750)와 아바스 Abbasid 왕조 (750~1258, 예언자 무함마드를 계승했다고 주장한 세 번째 칼리파국, 예언자 무함마드의 삼촌인 압바스 이븐 압둘 무탈립의 후손들이 왕조를 개창) 등의 이슬람 제국의 정치적 정복에 따른 북아프리카의 이슬람 전파와 비교하여 동아프리카 지역의 이슬람 전파는 다르게 전개되었다.

10세기에 알 마수디 al-Masudi(896~956; 바그다드 출신의 역사가, 문학자로 동아프리카, 인도와 실론을 거쳐 중국까지 여행함)는 동아프리카에 면한 인도양의 몇 개의 섬에서의 이슬람에 대해 기록하였다.

12세기 후반부터 14~15세기에 걸쳐 이슬람 세력과의 사회적 접촉과 경제 교역이 확대되면서 이슬람은 점진적으로 전파된다. 이슬람을 가장 먼저 받아들인 사람들은 아마도 부유한 상인들이었을 것이다. 그들의 개종에 옛 귀족 계층이 합류하였고 마지막으로 일반 대중의 일부가 따랐다. 이슬람의 수용은 문화적 성취의 동화와 밀접하게 연관된다. 이슬람 세계의 세습 군주를 호칭하는 술탄 Sultan과 칭호는 왕을 칭하는 스와힐리어인 음팔메 Mfalme와 공존하며 나란히 사용되었다. 또한 아랍어와 페르시아어의 용어들이 무역, 종교, 법률 분야에서 많이 차용되었다. 이처럼 이슬람으로의 개종은 경제적, 사회적 접촉을 통해 점진적으로 이루어지다가 12세기 후반부터 14세기와 15세기에 걸쳐 무역과 접촉이 확대되면서 크게 확장된다.

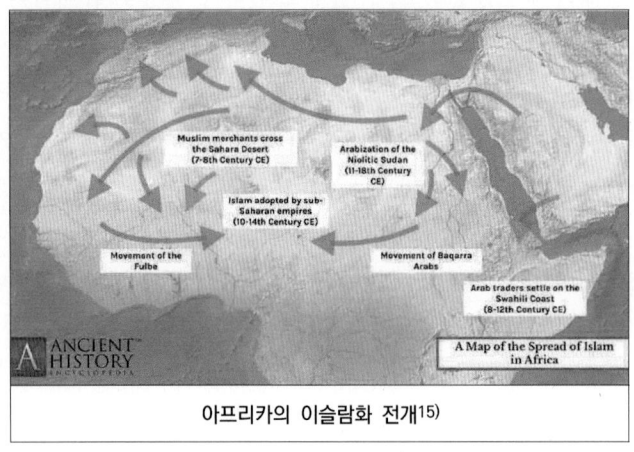

아프리카의 이슬람화 전개[15]

[15) https://www.worldhistory.org/article/1382/the-spread-of-islam-in-ancient-africa/

반투족의 확장

이슬람의 전파되기 시작한 7세기부터 11세기까지 탄자니아 지역은 몇 가지 중요한 변화를 겪는다.

첫째, 초기 철기 시대의 제한된 생태적 환경으로 인해 정착지에 머물렀던 반투족이 인구 증가에 따라 자연스럽게 외부로의 영역 확장을 추구한다. 반투어를 사용하는 상당수 종족의 이동이 빅토리아호 지역에서 전개되며 각 지역의 토착민 지역이 축소되고 이들 반투족의 영토가 확장되기 시작하였다. 대호수 주변 지역 사회의 외부 이동은 인구 성장으로 인한 환경 파괴, 농업 수요 증가, 철 제련을 위한 숯 제작에 필요한 삼림 파괴로 촉발되었다.

둘째, 탄자니아 내륙의 많은 지역에서 반투어를 사용하지 않는 공동체, 즉 산다웨어나 하자어를 사용하던 종족의 동화 과정이 계속 진행된다. 수렵과 채집으로 생활했던 탄자니아 토착민 그리고 농업과 목축에 종사했던 쿠시족들이 내륙에서 주로 거주했던 것에 비해 해안 지역은 반투어 공동체에 의해 점령되었다. 반투어는 우선 탄자니아 남부 지역에서 천천히 확장되어 계속해서 남쪽으로 진행된 후, 현대의 말라위, 잠비아, 짐바브웨, 남아프리카로까지 이어졌다. 그리고 반투어의 확장 흐름은 해안과 내륙을 따라 현재의 모잠비크로 확장되었다.

셋째, 기후 변화와 다른 종족과의 상호 교류에 따른 내륙의 반투족 간의 차이점과 구별이 발생한다. 경제적으로 반투어를 사용하는 공동체는 수수, 손가락 기장을 포함한 다양한 유형의 농업에 종사했고 가축도 키웠다. 10세기경, 토착 품종인 얌은 여전히 동아프리카 내륙의 일부 반투족의 주요 식품이었다. 얌 외에도 아시아 얌, 타로, 바나나를 포함한 동남아시아 작물이 반투족 공동체에서 재배되었는데 이러한 작물은 생육에 유리한 기후 조건과 초기 반투족의 농업 기술에 그 원인을 찾는다. 남아시아 작물이 탄자니아 내륙으로 성장한 이유는 작물과 씨앗이 무역, 주변 사회와의 접촉, 사회 내 농업 확장을 통해 한 지역에서 다른 지역으로 이동할 수 있었기 때문이다. 토착 작물과 외국 작물을 합친 것은 반투족 경제와 농업 생산의 성공에 상당히 기여했다.

이들 세 가지 변화의 공통점은 반투어 공동체의 발전과 진화라는 점이다. 철기를 사용하는 공동체로서 그들은 석기에 의존했던 다른 종족보다 유리했고, 잔지바르와 펨바 지역, 북동부 고원, 대호수 지역을 포함한 스와힐리 해안의 더 유리한 지역에 체계적으로 적응하였다. 닭, 양, 소, 당나귀 등의 가축 사육과 함께 바나나와 함께 수수와 기장 등의 곡물을 재배했던 반투족은 다양한 유형의 환경에 정착하였다. 유목민이었던 사냥꾼, 채집꾼, 목축민과 달리 농업이 주요 생계 수단이었던 이들에게 정착 생활은 필수적이었고, 수확물의 저장, 축적, 관리 및 유통에는 구성원 모두의 협력과 지도력이 필요했다. 따라서 혈통에 의한 친족 관계와 씨족, 더 나아가 부족 단위로 그 사회 구조가 조성되었다. 종족의 연장자들이 지역 사회의 지도자로 등장한 것은 자연스러운 현상이었다. 이처럼 1세기에서 11세기까지 반투족은 열대 우림 남쪽의 사바나 지역에서 빠르게 그 영역을 확장한다. 철기 시대의 도래와 보다 체계적인 농업의 발전은 반투족 농업 공동체가 탄자니아 중부와 남부 대호수 지역, 중부와 남부 탄자니아의 바로 내륙, 파레 산맥, 빅토리아 호 서쪽, 그리고 스와힐리 해안으로 확장하였다.

5. 외부의 기록

동아프리카 지역에 관한 기록은 이슬람이 출현한 이후부터 아바스 칼리프국의 영향력이 아프리카 지역에서 파티마 칼리프국 Fatimid Caliphate(909~1171; 10세기부터 12세기까지 약 2세기가량 존속했던 이스마일 시아파계 파티마 왕조의 통치 하에 있던 아랍 제국이자 칼리파국)에 의해 소멸할 때까지의 시기, 즉 7세기에서 10세기까지의 기간에 대한 기록은 주로 중국과 아랍어 문서를 통해 확인된다.

863년 중국 당나라 시인이었던 단정식 段成式(?~863)는 현재 동아프리카 소말리랜드 공화국의 베르베라 Berbera(소말리아 상인을 페니키아, 프톨레마이오스 이집트, 고대 그리스, 파르티아 페르시아, 사바, 나바타에아 및 로마 제국과 연결하는 수익성 있는 무역망에 참여한 고전적인 소말리아 도시 국가의 일부)로 여겨지는 보발리 Bobali의 노예, 상아, 용연향 등의 무역에대해 설명하였다. 이는 동아프리카 해안의 교역품 중의 일부 품목이 중국 상인들의 방문을 끌어들인 결과였을 것이다.

아바스 칼리파국 출신으로 아랍인의 헤로도투스로 불리는 알 마수디 Al Masudi(896~956; 아랍의 역사가, 문학자)는 동아프리카 해안에 대한 자세한 자료를 제공한다. 그에 따르면 동아프리카의 해안 마을은 통치자에 의해 지배되었고, 현재의 모잠비크 중부의 소팔라 Sofala 지역과 아프리카 내륙국인 잠비아의 쿰발루 Kumbalu(잠비아와 탄자니아의 국경에 인접) 섬을 동아프리카 해안 마을과 현재 오만의 시라프 Siraf(오만 북동쪽 소재) 해안 사이의 무역 관계를 발전시킨 두 개의 중요한 지역으로 식별하였다.

10세기에 이르러 알-람호르무지 Buzurg ibn Shahriyār al-Rāmhormuzī(900~950; 페르시아의 탐험가, 선원, 작가, 여행가, 지리학자)는 시라프, 오만, 바스라 Basra 및 기타 지역에 거주하는 무슬림 선원들의 이야기를 엮은 작품에서 선원들이 인도, 말레이시아, 인도네시아, 중국 및 동아프리카로 여행한 방법에 대해 기록하고 있다. 또 다른 이슬람 학자 이븐 하우칼 Ibn Hawqal(?~978년 이후; 아바스 칼리파국 상부 메소포타미아 출신의 지리학자, 연대기 작가)은 생애의 마지막 30년을 아시아와 아프리카의 외딴 지역을 여행하며 다양한 기록을 남겼다. 그는 적도에서 남쪽으로 20° 떨어진 동아프리카 해안을 탐험하며 고대 그리스 작가들이

세우타 Ceuta의
알 이드리시 동상16)

---

16) https://ko.wikipedia.org/wiki/%EC%9D%B4%EB%93%9C%EB%A6%AC%EC%8B%9C 위키백과

살 수 없다고 여겼던 지역에 거주하는 사람들에 대해 언급하였다.

12세기에서 15세기에 이르기까지 탄자니아 및 주변에 대한 자료가 많이 확인된다. 12세기의 무함마드 알 이드리시 Muhammad al-Idrisi(1100~1165; 북아프리카 세우타 Ceuta 출신의 지리학자)는 어린 시절의 대부분을 북아프리카를 여행하며 보냈으며 이슬람 상인과 탐험가들이 수집한 아프리카, 인도양, 극동에 대한 지식을 통합하고 노르만 항해자들이 가져온 정보를 이슬람 지도에 기록하였다.

이와 함께 남송 시대의 관료이자 역사학자인 조여괄 Chau Ju-kua(1170~1231)은 중국 밖으로 여행을 떠난 적은 없었으나 외국 및 중국 상인들에게 수집한 정보를 바탕으로 중국 외부의 국가와 다양한 제품에 대한 설명을 모아놓은 주번지 朱蕃志)를 간행하였다. 두 권으로 구분된 첫 번째 권에는 아프리카의 국가와 장소가 추가로 나열되어 있으며, 여기에는 이집트와 그 도시인 알렉산드리아 Alexandria나 소말리아, 잔지바르, 튀니지와 리비아의 트리폴리 지역 등이 묘사되어 있다.

동아프리카 지역에 대한 언급은 13세기에도 발견된다. 현재 시리아의 수도인 다마스쿠스 출신의 쿠르드인 아부 알피다 Abu Al-Fida(1273~1331, 시인, 역사가, 지리학자)와 이븐 바투타 Ibn Battuta(1304~1368; 마그레브 출신의 여행가, 탐험가)의 기록이 그것이다. 특히 이븐 바투타는 1331년 예멘 남부의 항구 도시 아덴 Aden에 도착한 후, 소말리아의 북서부 항구인 제일라 Zeila를 경유하여 오늘날 아프리카의 뿔이라고 불리는 홍해와 인도양의 접경을 지나 소말리아의 모가디슈

Mogadishu, 그리고 스와힐리 해안에까지 이르게 된다. 당시 금 무역의 중요한 중심지인 섬 마을 킬와에 도착한 그는 이 도시를 "가장 훌륭하고 아름답게 지어진 도시 중 하나이며 모든 건물은 나무로 되어 있고 집은 갈대로 지붕을 덮고 있다"고 평가했다고 전해진다.

알 이드리시와 이븐 바투타는 모두 오늘날 해안 도시 지역 주민의 과일, 수수, 사탕수수, 바나나 등의 효율적 재배와 이들 지역의 철광석 채굴 및 제련 과정을 설명하였다. 또한, 농업과 무역 외에도 해안 도시의 주민들은 진주 수집에 종사했고, 동물의 가죽과 상아를 위해 코끼리를 사냥했다. 중동과 지중해 세계와의 끊임없는 접촉으로 인해 동아프리카 해안 주민들은 이븐 바투타가 주장하듯이 14세기에 이르러서는 이슬람 문화권에 통합되었음이 확인된다.

이처럼 이슬람의 전파와 더불어 이전의 동아프리카 지역을 기록한 무슬림의 기록의 상당수는 동아프리카 해안 지역의 정착민들은 금, 상아, 거북이 껍질 및 호박 등의 귀중한 광물 외에 수수, 얌, 바나나, 코코넛, 사탕수수 등의 재배를 통해 중동과의 직간접적 교역을 했을 것으로 추정한다. 특히 스와힐리 해안은 다양한 문화와 종교가 공존하는 국제적인 지역으로 아랍 상인과 정착민들이 도입한 이슬람은 도시 국가의 사회 및 문화생활에 중심적인 역할을 했다. 아프리카, 아랍, 페르시아, 그리고 이후 인도의 영향이 혼합된 문화적 융합은 언어, 건축, 그리고 사회 관습에도 반영되었다. 석조 주택, 모스크, 궁전 등의 건축에는 산호석과 정교한 조각이 일반적으로 사용되었다.

제3장 왕국의 출현

수천 년 전부터 인류가 자리 잡은 요람으로 인정받아온 탄자니아의 내륙 지역에 군주가 지배하는 왕국의 정치 체제가 구체화한 곳은 주로 동아프리카 해안과 빅토리아호 주변 지역이었다. 우선 동아프리카 해안은 페르시아 상인들과 관련이 있다. 서기 7세기 무렵부터 악숨 왕국과 무역을 하던 페르시아 상인들이 무역 기지를 남쪽으로 확장하는 과정에서 잔지바르섬, 펨바섬, 코모로섬에 식민지를 건설하게 된다. 이란 남서부 시라즈 Shiraz 지역 출신인 이들은 9세기 무렵 이슬람으로 개종하고, 케냐의 몸바사 상인들과 함께 반투어를 기반으로 아랍문자와 아랍어 어휘를 받아들여 스와힐리어의 기반을 닦고 스와힐리 문화를 발전시켰다. 이후 이 지역은 9세기부터 15세기까지 이슬람, 인도 상인들의 무역의 거점이 되며 발전을 지속한다.

그리고 중앙 아프리카에서 반투족이 이주하는 과정에서 현재 탄자니아 내륙에 도달한 최초의 반투족 집단에 속하는 하야족은 빅토리아호 서쪽의 물이 풍부한 카게라 지역에 정착하며 점차 왕국으로까지 성장하게 되었다.

1. 스와힐리 해안 도시의 번영

스와힐리는 동아프리카의 동해안과 인도양 서부 연안 일대를 포함하는 지명이다. '해안'의 뜻인 아랍어 '사헬 sahel'과 '해안사람'인 '스와힐 sawahil'에서 유래한 스와힐리는 스와힐리족이 거주하는 동아프리카의 동해안, 그리고 인도양 서부 연안 일대를 가리키며, 모잠비크의 소팔라 Sofala, 케냐의 몸바사 Mombasa, 탄자니아의 다르에스살람과 킬와 Kilwa, 잔지바르, 펨바섬과 현재 프랑스 해외영토로 아프리카 대륙과 마다가스카르섬 사이에 위치한 코모로 Comoro 등 여러 해안 섬이 포함된다.

이들 지역은 역사적으로 그리스-로마 시대에 아자니아로, 7세기부터 14세기까지 중동, 인도 및 중국 문학에서는 잔지로 알려졌다. 그리스-로마 시대의 융성했던 대도시 중심지는 사라졌지만 다른 정착지가 무역 중심지로 자리를 잡았다. 무슬림 아랍인과 페르시아인이 오기 전에 그들만의 문명을 지닌 지역 정착민이 존재했다. 반투어를 사용하던 종족이 스와힐리 해안의 중부와 남부 지역에 거주했으며 10세기에 이 지역을 방문한 알-마수디는 이 지역의 비이슬람적 성격을 주목한 바 있다. 이 시기를 언급한 아랍 작가들의 인상은 모든 해안 마을의 정치적 권력이 토착 아프리카 흑인의 손에 있었음을 알려준다.

스와힐리 해안 정착민의 발전은 10세기 초 철제 도구를 이용한 농업의 도래와 연관된다. 건조한 지역임에도 상대적으로 비옥한 토양과 적당한 강수량을 지닌 독특한 해안 환경에 적응한 이들 반투족은 해안을 따라 마을을 조성하고 물고기와 어패류를 잡기 위해 작은 어선을 타고 해안을 따라 항해하는 법을 습득했다.

해안에서 먼 내륙의 공동체와 해안 마을의 가장 큰 차이점은 아라비아와 페르시아, 그리고 더 먼 곳에서 찾아온 이슬람 선원과 상인들과의 교역에 있다. 이러한 교역의 주체인 이슬람 상인들의 발걸음이 현재 소말리아인 해안을 따라 북쪽에서 시작하여 남쪽의 케냐와 탄자니아까지 다다르면서 스와힐리 해안에 산재한 정착지들은 교역에 유리한 장소, 특히 해안 바로 앞의 섬에 있는 더 큰 마을로 통합된다. 이렇게 형성된 큰 마을은 점차 도시의 형태를 지니며 내륙에서 수집한 상아, 코뿔소 뿔 등의 물건이 도자기, 금속 제품, 구슬과 같은 수입 상품과 거래되었다. 그리고 11세기 초에 이르러 이들 도시 정착민들은 교역을 위해 더 큰 배를 제작하기 시작했고 해안을 따라 보다 멀리 항해하는 법을 배워 교역을 동북쪽의 남부 아라비아, 오만, 페르시아, 남쪽의 모잠비크, 인도양의 코모로 제도와 마다가스카르까지 확장하였다. 스와힐리어는 이 해안 정착민들 간의 의사소통 수단으로 발전했다. 잔지바르섬과 펨바섬은 이 시대의 가장 대표적인 교역지였다.

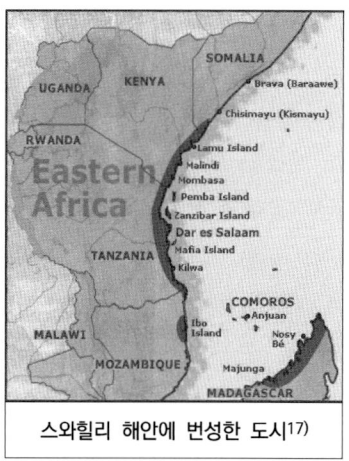

스와힐리 해안에 번성한 도시[17)]

중세 시대에 아랍 상인들이 아프리카 내륙과 무역을 위해

---

17) https://domestictourismsafaris.co.tz/east-african-coast/

진출이 빈번해 짐에 따라, 이슬람 문화는 스와힐리 해안 주변 도시의 번영과 밀접하게 연결되어 있다. 이곳에 거주하는 스와힐리족은 이슬람을 믿는 흑인의 대표적인 사례이며, 매우 엄격한 계율을 따른다. 또한, 스와힐리족들은 이슬람 문화와 토착 반투 문화의 특징을 모두 갖는다. 이슬람 상인들은 목재, 노예 무역 등을 이 지역을 자주 찾았는데, 그들의 영향으로 이슬람이 지금까지도 강하게 정착되었고 주민들이 이슬람교를 받아들였다. 당시, 스와힐리 일대는 아랍, 페르시아, 인도와의 교역은 물론, 중국과의 교역이 활발했고 중국제 도자기가 수입됐다.

도시의 경제는 주변 국가와의 교역에 더 치중하였다. 12세기에 형성된 왕조 시대 이전의 킬와에서 발굴된 이슬람 도자기나 인도의 코넬리안 구슬 Conelian beads, 중국의 도자기 등은 주된 수입품이었다.

2. 스와힐리 도시 국가

무슬림 세계와의 무역 확대는 스와힐리 해안을 중세 시대에 등장하여 사치품 교환을 전문으로 하는 번성한 도시 국가 지역으로 변모시켰다. 아라비아에서 온 무슬림 상인들은 8세기에 동아프리카 해안에서 강력한 입지를 구축하여 지역 상인 가문, 마을, 그리고 도시들과 복잡한 교류 네트워크를 구축했다. 아랍 상인들은 새롭게 발전하는 무역에 참여하기 위해 반투족

사이에 정착하기 시작했으며, 이러한 관계를 구축하면서 아랍, 페르시아, 반투어 문화와 언어가 서로 결합하고 융합되어 스와힐리 문명을 형성했다. 9세기 무렵의 스와힐리 해안에 조성된 정착지는 그리스-로마 시대의 대규모 도시와는 달리 진흙과 나무 기둥, 그리고 초가지붕으로 지은 마을 수준의 거주지가 해안을 따라 흩어져 있는 정도였다. 이들 마을은 초기 스와힐리어를 사용했을 것인데, 지역 토착민과 유사하거나 다른 언어를 사용하는 이주민이 혼합된 구성을 보였다. 종족적으로 혼합되고 교역으로 특화된 공동체가 형성된 것이다.

2.1. 도시 국가의 체제

9세기경부터 16세기까지 현재의 소말리아에서 케냐, 탄자니아 모잠비크가 포함된 동아프리카 해안을 따라 번영했던 독립된 도시 중심지들의 집합체를 스와힐리 도시 국가로 부른다. 주요 도시 국가로는 현재 소말리아의 모가디슈 Mogadishu, 메르카 Merka, 바라와 Barawa, 케냐의 파테 Pate, 말린디 Malindi, 몸바사, 게디 Gedi, 탄자니아의 킬와, 잔지바르, 펨바, 모잠비크의 소팔라, 앙고체 Angoche 등이 있다. 해안 도시는 각각이 독립성을 유지하며 때에 따라 동맹과 적의 관계를 유지하는 공동체 체제였다. 이러한 공동체는 구성원 간의 관계를 규제하고 마을 또는 도시를 다른 적대적 세력으로부터 보호하기 위해 정교한 문화적, 정치적 구조를 개발하기 시작한다. 시간이 지남에 따라 정치·사회적 구조는 탄자니아 전역에서 각각의 특정을 갖는 형태로 발전하였다. 그 어떤 공동체는 친족 집단, 씨족의 연합으로 형성되었고, 또 다른 집단은 넓은 지역에 걸쳐 독립적인 공동체를 연결하는 연합 형태로 존재하기도 했다.

1) 사회 구성

도시 국가는 정치적으로 독립적이었으며, 일반적으로 술탄이나 지역 통치자의 통치를 받았다. 이 도시들은 부, 가문 전통, 종교적 영향력을 가진 스와힐리족의 유력 가문에 의해 지배되었다. 이 가문들은 토지 소유, 노동력의 동원, 무역 등에 대한 통제력을 발휘함으로써 그 영향력을 유지하였다. 정치 체제는 종종 과두 정치였는데 상인 지배 계급은 엘리트 지위를 누렸다. 도시의 주민과 장인, 그리고 기타 비엘리트 노동자들이 다음 단계의 구성원이었다. 마지막으로 하인이나 육체노동자와 같은 비무슬림은 더욱 낮은 사회적 지위를 가졌는데, 이들은 농장에서 일하기 위해 본토에서 사들인 노예들이었다. 노예 제도는 유럽 식민지 시대 대서양 세계와 마찬가지로 동아프리카에서도 만연했다. 상인들은 아프리카 중개인으로부터 반투족을 사들여 이라크 남부로 보내는 노예무역을 전담했다. 서기 868년에 이라크 남부에서 발생한 잔지족 반란으로 스와힐리 해안과 페르시아만 사이의 대규모 노예무역은 종식되었지만, 인도양 네트워크에서는 노예 제도가 계속되었다.

잔지 반란

반란은 서기 869년에서 883년 사이에 일어난 것으로 추정되며, 이라크 남부의 노예화된 아프리카 노동자들이 연루된 압바스 왕조 Abbasid Caliphate에 대항하는 대규모 반란이었다. "잔지"라는 용어는 스와힐리 해안에서 중동으로 끌려와 특히 이라크 남부의 염습지에서 가혹한 노동 환경 속에서 일하게 된 흑인 아프리카인들을 지칭한다. 이들은 주로 반투어를 사용하는 사람들이었다. 반란의 자세한 내용은 다음과 같다.

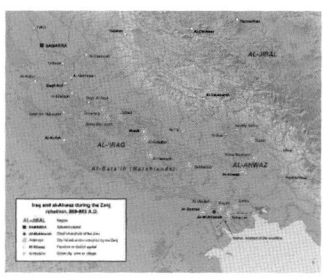

- 노동 환경: 잔지족은 이 지역의 플랜테이션 경제에서 극도로 가혹하고 비인도적인 노동 환경에 시달렸다. 그들은 농업 개발을 위해 습지의 물을 빼내는 노동 집약적이고 고된 작업을 맡았다.
- 착취와 억압: 반란은 잔지족의 극심한 착취, 인종 차별, 그리고 자유에 대한 갈망으로 인해 촉발되었다. 열악한 노동 환경은 물론 노동자들에 대한 보상은 거의 없었다.
- 지도자: 반란의 지도자로 부상한 알리 이븐 무함마드 Ali ibn Muhammad는 귀족 혈통을 자처하며 잔지파와 다른 불만 세력을 단결시켰다. 억압받는 사람들의 불만을 명확히 표현하고 더 나은 삶을 약속하는 그의 능력은 지지를 규합하는 데 결정적인 역할을 했다.
- 초기 반란: 반란은 서기 869년 9월에 시작되었다. 무함마드가 이끄는 잔지파는 소규모 공격으로 시작하여 빠르게 세력을 확장하며 무기와 자원을 약탈했다.
- 확장: 반란군은 압바스 칼리파조의 가장 중요한 경제 중심지 중 하나인 현재 이라크의 남부 도시인 바스라 Basra를 포함한 여러 주요 거점을 점령하고, 알-무크타라 al-Mukhtara를 수도로 삼았다.
- 행정: 무함마드는 행정부를 설립하고 자체 화폐를 주조하는 등 반란 세력의 조

직력을 보여주었다. 잔지파는 넓은 영토를 장악했고 수년간 그 지배력을 유지했다.
- 아바스 왕조의 대응: 반란 초기 내부 문제로 대응이 느렸던 아바스 왕조 칼리파국은 반란을 진압하기 위해 조직적인 군사 작전을 전개했다. 칼리파국은 군사력과 정치적 전략을 혼합하여 반란군을 약화시켰다.
- 패배: 약 14년간 지속된 장기간의 분쟁 끝에, 알 무와파크 al-Muwaffaq가 이끄는 아바스 왕조의 군은 883년 잔지 반란 세력을 격파했다. 주요 도시들을 탈환하고 반란군의 지도자 무함마드를 죽임으로써 반란은 종식되었다.

잔지 반란은 역사상 가장 규모가 크고 장기화된 노예 반란 중 하나로 아바스 왕조 칼리파국의 취약성을 드러냈고, 노예 제도와 사회적 불의의 문제를 부각시켰다. 궁극적으로 실패했지만, 이 반란은 억압받는 집단의 조직적인 저항 능력을 보여주었으며, 자유와 정의를 위한 투쟁의 강력한 상징으로 남아있다. 잔지 반란은 중세 이슬람 세계의 복잡한 사회·경제적 역학과 그것이 지역 역사에 미친 광범위한 영향을 보여주는 증거로 남아있다.

2) 외부와의 교류

스와힐리 도시 국가는 서로뿐만 아니라 현재의 탄자니아 너머 타국의 집단은 물론 아주 초기부터 인도양을 건너온 아라비아 지역과도 교류하였다. 1050년 이후, 현재의 이란 지역을 지배했던 부와이 왕조 Buyid Dynasty의 수도였던 시라즈 Shiraz에 도착한 무슬림 이주민들이 기존 정착민들을 남쪽으로 몰아낸다. 터전을 잃은 정착민들은 시간이 흐르면서 이슬람 문화 유산을 보존한 채로 몸바사, 말린디, 라무, 소팔라와 같은 스와힐리 해안 지역의 무역을 장악하게 되었다. 이후 이들 시라즈 출신 무슬림 중의 많은 이들이 펨바, 킬와, 잔지바르와 같은 해안 섬으로 이주하게 된다. 해안 지역의 새로운 이주민들은 페르시아 문화의 뿌리를 찾아 지역 주민들에게 자신들의 정체성을 확립하고자 했고, 이들이 가져온 상품은 물론 다른 지역의 문화, 노예를 포함한 사람들이 해안을 거쳐 내륙으로 또 그 역방향으로 이동했다. 도시의 지배 계층은 주로 무역에 종사하는 아랍계와 아프리카계 혼혈 무슬림이었고, 이러한 이유로 해안 지역 사회의 원동력은 아프리카적이라기보다는 이슬람적이었다.

도시 국가들은 무역, 문화, 그리고 해상 활동의 중요한 중심지였으며, 인도양 지역 역사에서 중요한 역할을 했다. 이 도시들에게 인도양의 무역망은 필수적인 부분이었다. 아프리카 내륙 지역에서 생산된 금, 상아, 노예와 같은 상품뿐만 아니라 도자기, 직물과 같은 현지 생산품이 도시 무역의 거래 대상이었다. 그 대가로 그들은 아라비아, 인도, 페르시아, 중국에서 향신료, 도자기, 직물 등 다양한 상품을 받았다. 이 도시 국가들은 인도양을 가로질러 광범위한 무역을 전개하며 동아프리카와 아라비아, 인도, 그리고 그 너머까지 연결한 것이다. 다른 동아프리카 해안의 도시 국가와 다르게

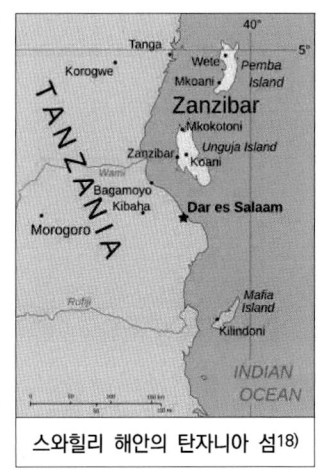

스와힐리 해안의 탄자니아 섬[18]

---

18) https://en.wikipedia.org/wiki/Zanzibar

케냐와 탄자니아 지역의 도시 국가들의 영향력은 매우 컸다.

2.2. 도시 국가
1) 펨바

 잔지바르 군도의 일부인 펨바섬은 중세 시대 스와힐리 해안 무역망의 한 축을 담당하며 이 지역의 경제 및 문화 교류에 기여했다. 잔지바르나 킬와 키시와니와 같은 인근 섬들만큼 기록이 풍부하지는 않지만, 펨바는 지역 무역에서 중요한 역할을 담당했다. 스와힐리 해안의 다른 섬들과 마찬가지로 펨바는 상아, 노예, 향신료(특히 나중에 중요해진 정향), 직물 등의 무역에 관여했다. 특히 펨바의 비옥한 토양은 농업에 적합했으며 현지에서 소비되는 작물과 다른 지역과 거래되는 작물 덕분에 무역 상품의 하나로 특화되었다.

 펨바의 스와힐리 문화는 다른 지역과 마찬가지로 아프리카, 아랍, 페르시아, 인도와 아시아의 영향이 혼합되어 있으며, 이는 언어, 건축, 사회 관습에서 분명히 드러난다. 중세의 펨바는 산호석 구조물, 모스크, 전통, 스와힐리 가옥 등 스와힐리 건축 양식을 특징으로 하며, 이는 섬의 번영과 무역을 통해 흡수한 문화적 영향이 반영된 것이다. 이슬람은 펨바의 문화 및 사회 생활에서 중심적인 역할을 했으며 여러 모스크가 있었고, 이슬람 관습과 법률은 사회에 필수적인 요소였다. 펨바는 스와힐리 해안의 다른 무역 도시들만큼 두드러지지는 않았지만, 지역 무역 네트워크에서의 역할과 풍부한 문화적 특징 덕분에 동아프리카 중세 역사에서 중요한 부분을 차지한다.

2) 잔지바르

 탄자니아 해안에 있는 잔지바르는 중세 시대 인도양의 전략적 요충지로, 동아프리카 해안, 중동, 인도 등 세계 여러 지역과의 무역에서 중요한 역할을 했다. 사실 6세기부터 잔지바르섬에는 페르시아와 인도, 그리고 중국 당나라 시대의 도자기, 비잔틴의 유리그릇, 남아시아에서 온 유리구슬 등 상당량의 수입품이 있었다. 그리고 9세기경, 섬 서쪽의 우쿠우 Ukuu 지역은 16ha(약 4800평)가 넘는 잔지바르섬은 물론 스와힐리 해안 지역 중 가장 큰 정착지의 하나로 부상한다. 우쿠우의 급속한 성장은 인도양 무역에서 얻은 엄청난 양의 재화를 통해 가능했다. 동아프리카 내륙과 매우 가까운 잔지바르섬은 그 지정학적 위치로 인해 인도양을 가로지르는 몬순 바람을 타고 항해하는 무역상들에게 자연스러운 기착지가 되었다.

 10세기경에 우쿠우 지역에 지어졌던 모스크는 이슬람이 지역 주민들에게 어떻게 받아들여졌는지를 알려준다. 이와 더불어 1107년 키짐카지에 건립된 키짐카지 모스크(키짐카지 딤바니 모스크 Kizimkazi Dimbani Mosque라고도 불림)는 동아프리카 해안에서 가장 오래된 이슬람 건축물 중 하나이며, 중요한 역사적, 건축적 가치를 지닌다. 이슬람은 중세 시대 잔지바르의 문화와 사회 형성에 중요한 역할을 담당했다. 11세기경 잔지바르섬의 정착지들은 북서쪽 해안의 후쿠차니 Fukuchani, 음코코토니 Mkokotoni와 남서쪽 해안의 품바 Fumba, 그리고 남쪽의 키짐카지 지역 등으로 확장되었다. 상아, 금, 노예, 향신료, 직물 등 다양한 상품이 거래되고 아라비아, 아랍, 페르시아, 인도, 그리고 후일에는 유럽에서 온 상인과 정착민들이 현지 해안 주민들과 혼합되고 어우러진 잔지바르섬은 스와힐리 문화의 중심지가 되었다. 중세 잔지바르의 건축 양식은 산호석 건물, 정교한 목각, 그리고 독특한 문이 있는 큰 집들로 특징지어지며, 이는 섬의 역사적 풍요로움을 상징한다.

포르투갈의 지배를 받았던 중세 후기에도 잔지바르는 해안의 다른 도시와 달리 번영하였으며, 17세기 후반 오만 술탄국의 일부가 되면서 발전을 지속하며 문화적, 경제적 중심지로서 지속적인 유산을 쌓을 수 있는 토대를 더욱 공고히 했다.

3) 킬와 술탄국

중세 시대 스와힐리 해안에서 가장 강력하고 부유한 무역도시 중 하나인 킬와 술탄국(957~1513)은 탄자니아 해안에 위치한 섬으로, 풍부한 역사적 중요성과 고고학적 유적지로 유명하다. 이 도시는 아프리카, 아라비아 반도, 인도, 그리고 멀리 중국까지 이어지는 무역의 중심지였다. 이러한 전략적 위치로 금, 상아, 철, 그리고 기타 상품 무역에서 중요한 역할을 하였다. 킬와는 당시 동아프리카 스와힐리 해안을 장악했던 강력하고 번영한 도시 국가이다. 이 왕국은 전략적 동맹과 능숙한 외교로 아프리카 대륙과 인도양을 연결하는 국제 무역의 중심지로 수 세기 동안 번영했다. 인도양 항해를 위한 중간 기착지로서 킬와의 지정학적 위치는 남쪽에 있는 현재 모잠비크의 소팔라나 북쪽에 치우친 현재 소말리아의 모가디슈에 비해 보다 유리했다. 이로 인해 킬와는 일찍부터 스와힐리 해안의 다른 주요 항구나 도시들보다 페르시아와 아라비아 등 북쪽에서 온 많은 부유한 상인들과 이민자들이 이 섬으로 몰려들기 시작했다.

인도양 무역의 중심지로 부상한 킬와는 12세기경 당시 통치자였던 술레이만 이븐 알 하산 Suleiman ibn al-Hassan ibn Dawud(1178~1195 재위)은 당시 금과 상아 무역을 통해 부를 축적한 도시 소팔라를 점령하였다. 킬와의 술탄들은 소팔라에서 유입되는 막대한 양의 금을 이용하여 동아프리카 해안을 따라 세력과 영토를 확장했다. 15세기에 전성기를 맞이한 킬와 술탄국은 소팔라, 케냐의 말린디, 라무 Lamu, 모잠비크의 이냠바네 Inhambane를 포함한 여러 주요 본토 도시에 대한 지배권을 주장했다. 뿐만 아니라 몸바사, 펨바, 잔지바르, 마피아 Mafia, 모잠비크 등의 섬나라들도 지배했다. 무역이 활발한 스와힐리 해안 지역 대부분도 이제 그들의 지배하에 놓이게 된 것이다. 그러나 킬와 술탄국의 영토는 상업 도시들의 연합에 가까웠다. 각 도시는 자체적인 지배 엘리트, 상인 공동체, 그리고 무역로를 가지고 있었다. 이 도시들은 종종 킬와 술탄이 임명한 주지사

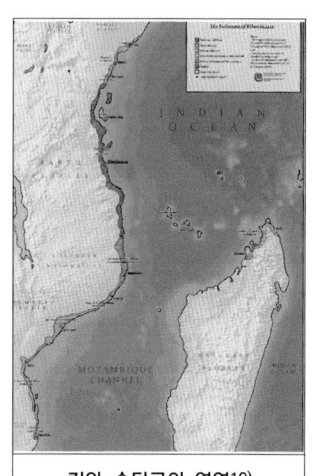

킬와 술탄국의 영역19)

---

19) https://en.wikipedia.org/wiki/Kilwa_Sultanate

나 감독관에게 보고했지만, 주지사들의 권한은 다양했다. 예를 들어 모잠비크의 경우 주지사는 술탄의 이름으로 통치했다면, 소팔라의 주지사는 막대한 부 때문에 통치자라기보다는 대사에 가까웠다.

킬와의 강점 중 하나는 사회적 구성에 있었다. 처음에는 페르시아 식민지였을지 모르지만, 곧 그보다 훨씬 더 큰 규모로 발전했다. 인종 간 결혼, 지역 반투족의 개종, 그리고 대규모 아랍 이민을 통해 킬와는 다양한 민족의 용광로가 되었다. 서로 다른 지역과 배경을 가진 사람들이 섞이면서 킬와에는 독특한 동아프리카 문화가 형성되었고, 이 지역은 스와힐리어라는 고유 언어까지 발달했다. 그렇다고 해서 아무런 차이가 없었다는 것은 아니었는데, 킬와의 무슬림들은 민족과 상관없이 보통 스스로를 아랍인을 뜻하는 시라즈 Shirazi라고 불렀고, 본토의 개종하지 않은 지역 주민들을 이교도를 뜻하는 잔즈 Zanj라고 불렀다.

술탄국 경계 내에 농업 생산이 없었던 이유로 전적으로 대외 무역에 의존했던 킬와는 곡물, 육류, 기타 주식과 같은 중요한 물자는 내륙에 거주하는 반투족에게서 수입하였다. 반면에 상인으로서 킬와 사람들은 아라비아와 인도에서 직물과 같은 공산품을 수입하여 반투어족과 식량 등을 거래하는 등 사실상 중개자 역할을 했다. 아울러 그들은 내륙의 반투족에게서 금이나 상아와 같은 귀중한 원자재를 사들여 아라비아, 페르시아, 그리고 인도양을 건너 인도와 교역하였다. 16세기 포르투갈이 이 도시를 장악하면서 킬와 키시와니는 그 중요도가 떨어졌고, 시간이 흐르면서 무역로의 변화와 다른 항구와의 경쟁 등 여러 요인에 의해 쇠퇴하였다.

탄자니아 해안의 여러 도시 국가들은 아프리카 대륙과 아시아, 중동을 연결하는 무역로에 필수적인 지정학적 위치로 이 지역 전체에 이슬람과 스와힐리 문화를 전파하는 데 중요한 역할을 담당했다. 이슬람은 아랍과 페르시아 상인들이 스와힐리 도시 국가들에 도입하였고 스와힐리 사람들의 통합 요소이자 정체성의 지표가 되었다. 이슬람의 법체계, 교육, 그리고 문화적 관습은 스와힐리어, 산호석 건물과 모스크 건축, 그리고 사회 관습에 반영되어 있다. 15세기 후반 포르투갈의 도래는 여러 스와힐리 도시 국가들의 쇠퇴를 알렸고, 새로운 식민지 무역망에 편입되었다. 그럼에도 불구하고 스와힐리 도시 국가들의 문화적, 역사적 유산은 오늘날에도 동아프리카, 특히 스와힐리 문화가 여전히 번성하고 있는 해안 지역에 큰 영향을 미치고 있다.

4. 탄자니아 북서부의 왕국

탄자니아의 북서부 지역에는 현재 카게라, 게이타 Geita, 키고마 지역이 포함되며 빅토리아호 지역의 일부를 형성한다. 호수에서 20km까지의 영역인 호안 지역은 안정적이고 풍부한 강우량 덕분에 바나나와 다른 작물의 재배에 적합한 기후를 형성한다. 그리고 호안 지역에서 벗어난 카게라에서 키고마의 고지대는 초원 지대로 모두 농업과 가축 사육에 적합하다. 이렇듯 높은 강우량과 비옥한 토양 덕분에 북서부 지역에는 철을 사용하는 반투어족 농부와 목축민이 가장 먼저 정착한 지역 중 하나였다. 친족 기반으로 조직된 소규모 경작자 집단이 거주했던 토착민들은 타 종족의 이주를 통해 인구가 증가함에 따라 발생하는 문제에 대처하지 못해 해체되며 자연스럽게 경제 활동의 주축이 목축에서 농업 및 혼합 농업으로 이동되었다. 북서부 지역에는 하야족, 수쿠마족, 진자족 Zinza, 니암보족 Nyambo, 하족 Ha, 벰베족 Bembe 등 다양한 종족이 존재한다.

11세기부터 탄자니아 북서부 지역은 이러한 현상은 공동체의 경제적 측면만이 아니라 정치·사회적 변화를 가져온다. 학자들은 이 지역의 본질적인 변화를 세 가지 원인에서 찾는다. 첫째, 기존의 토착민들과는 다른 언어, 문화 및 출신 종족들의 접촉과 회합의 증가이다. 이는 종족의 이동을 가속화시켰다. 둘째, 기원후 1천 년 동안 반투족, 나일족 및 기타 탄자니아 종족들이 철 기술을 소유하면서 농업 및 목축 생산 활동이 촉진되었다. 이는 풍부한 식량 자원으로 인한 인구의 증가를 불러왔고, 결과적으로 보다 다층적이며 복잡한 지역 사회의 발달로 이어진다. 셋째, 앞의 두 가지 요인에 다른 자연적 결과로 부와 특권에 따라 이전의 공동체 구성원 모두가 평등하게 자원을 공유했었던 원래의 질서가 사라지고 차별화된 정치·사회적 체제, 즉 씨족이나 부족의 차원을 넘어서는 왕국 형태의 중앙집권적 정치 체제가 등장한다.

이제 왕국은 공물과 세금을 징수하고, 공공사업과 전쟁을 위해 구성원들을 징집하는가 하면, 영토 내에서 법률을 제정하고 시행할 권한을 가진 중앙집권적 형태를 갖게 되었다.

4.1. 카라그웨 Karagwe 왕국

탄자니아 북서부의 빅토리아호 지역, 특히 현대 탄자니아 북서부, 우간다 및 르완다 국경 근처에 있던 카라그웨 왕국은 서기

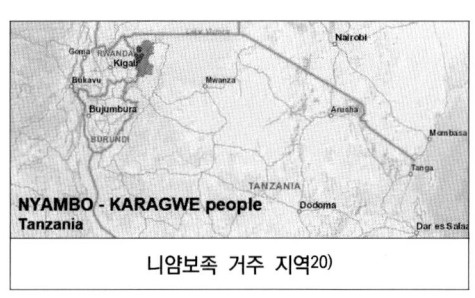

니얌보족 거주 지역[20]

1000년대 후반에 건국되어 번영을 누린 동아프리카 대호 왕국 Great Lakes Kingdoms 중 하나이다. 반투어를 사용하는 민족 집단인 니얌보족 출신에 의해 건국된 이 왕국은 비옥한 토지, 중요한 무역로 그리고 문화 및 경제 발전으로 유명한 오대호 지역에 속했다.

대호 왕국의 군주를 칭하는 오무카마 Omukama에 의해 지배된 왕족의 혈통은 왕국의 사회 및 정치 구조에서 중요한 부분을 차지했으며, 왕은 영토와 국민에 대한 상당한 권한을 행사했다. 이 왕국은 오대호 지역의 다른 왕국들뿐 아니라 스와힐리 해안과도 연결되는 지역 무역망의 일부였다. 이러한 무역은 문화 교류와 경제적 번영을 촉진했다. 카라그웨 왕국의 경제는 주로 농업, 목축, 그리고 철공에 기반을 두었으며, 이 지

---

20) https://www.101lasttribes.com/tribes/nyambo.html

역의 비옥한 토양은 다양한 작물 재배에 도움이 되었다.

4.2. 부코바(하야 Haya) 왕국

탄자니아의 카게라 지역, 빅토리아호 서쪽 기슭에 있는 부코바 왕국(하야 왕국으로도 알려짐)은 주요 주민인 하야족 거주 지역의 일부였다. 강력한 군주인 오무카마에 의해 지배되었던 카라그웨 왕국에 비해 부코바의 정치 구조는 중앙집권적이지 않았다. 부코바 왕국은 하나의 통일된 왕국이라기보다는 여러 작은 족장들의 집합체에 가까웠다. 각 족장들은 각자의 지도자에 의해 통치되었다.

부코바 왕국의 경제는 비옥한 토지와 온화한 기후를 바탕으로 바나나, 기장, 커피와 같은 작물을 재배하였고, 소 사육 또한 생계의 중요한 부분이었다. 선진 농업 기술을 지닌 하야족은 숙련된 철공으로, 독특한 철 제련법으로 유명하여 고품질 철제 도구와 무기를 생산할 수 있는 용광로까지 개발하여 농업과 군사 활동에 중요한 역할을 했다.

4.3. 키아무트와라 왕국 Kyamutwara Kingdom
(또는 키암트와라 왕국 Kiamtwara Kingdom)

빅토리아호 카게라 인근에 존재했던 하야족의 여러 왕국 중 하나였다. 탄자니아 북서부에 위치한 대규모 하야 문화 및 정치 집단의 일부인 이 왕국의 정확한 건국 연대를 추정할 수 없지만, 19세기에 유럽 식민지 개척자들이 도착하기 훨씬 이전인 수 세기 동안 존재했던 것으로 알려져 있다. 하지만 하야족이 복잡한 사회·정치적 구조를 갖춘 조직화된 사회를 발전시켰던 기원전 2천년대 초로 거슬러 올라갈 가능성이 높다.

키아무트와라 왕국은 최상위에 정치적, 정신적 지도자인 오무카마가 있고, 그 아래로

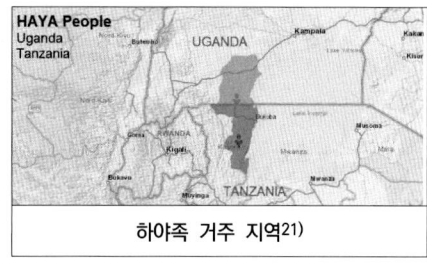

하야족 거주 지역[21]

다양한 계층의 귀족과 평민이 있는 위계적인 사회 구조를 가지고 있었다.

4.4. 바힌다 Bahinda 왕국

바힌다 왕국은 탄자니아 서부에 위치한 전통 왕국 중 하나로 빅토리아호 인근 카게라 지역에 거주하는 하야족에 의해 건국되었다. 왕국의 경제는 전통적으로 농업에 의존했다. 하야족은 계단식 논 재배 기술과 바나나, 기장, 커피와 같은 작물 재배 그리고 빅토리아호에서의 어업에 종사했다. 하야족의 다른 왕국처럼 바힌다 왕국 역시 최상위에는 제정일치의 정점에 왕인 오무카마가 있었고 종족의 원로 및 씨족의 우두머리가 지배층을 형성하는 위계적인 사회 구조를 지녔다. 독일과 이후 영국의 식민 지배 이후 새로운 행정 구조의 도입과 식민지 경제 체제로 통합된다.

4.5. 부진자 Buzinza 왕국

---

21) https://www.101lasttribes.com/tribes/nyambo.html

부진자 왕국은 탄자니아 카게라 지역 내 빅토리아호 주변 지역에 있던 전통 왕국 중 하나이다. 부진자족은 중부 및 남부 아프리카 전역에 널리 분포하는 더 큰 반투족 집단의 일원으로 이 지역의 다른 집단들과 문화적, 언어적 유대감을 공유하였다. 왕국은 왕이나 족장이 이끄는 계층적 사회 구조를 지녔고 왕은 정치적 지도자이자 영적 지도자로 원로 회의의 지원을 받아 군림하였다. 왕국의 경제는 전통적으로 농업과 어업을 중심으로 운영되었다. 부진자 사람들은 전통 음악, 무용, 구전 문학을 포함한 풍부한 문화유산을 가지고 있다. 식민지 시대에 부진자 왕국은 이 지역의 다른 전통 왕국들과 마찬가지로 독일과 이후 영국의 식민 지배의 영향을 받았다.

4.6. 부하 Buha 왕국

부룬디와 경계에 있는 탕가니카호 동쪽에 있는 부하 지역에 있던 부하 왕국은 현재 탄자니아 서부 키고마 Kigoma 지역에 위치한 전통 왕국이다. 이 왕국은 반투족의 하나인 하족에 의해 건국되었다. 많은 전통 아프리카 왕국과 마찬가지로, 왕국의 정확한 건국 날짜는 정확하게 기록되어 있지 않아 알 수 없으나, 수 세기에 걸쳐 형성되었을 것으로 추정된다. 그리고 그 형성 시기는 기원전 2천 년기 초로 거슬러 올라갈 가능성이 있다.

이 지역에 거주하는 하족은 복잡한 사회 및 정치 구조를 가진 조직 사회의 오랜 역사를 가지고 있었다. 부하 지역에서는 바테코 Bateko로 알려진 지배적인 일족의 지도자들이 마을 공동체의 가족들에게 토지를 할당하는 일을 담당했다. 시간이 지남에 따라 결국 그들은 토지를 할당받은 구성원에게 상품과 노동을 요구하는 지주로 등장한다. 이 바테코들은 왕국이 형성되기 전부터 특권층으로 자리 잡았다. 부하 왕국은 왕이나 추장이 최상위에 있는 위계적 사회 구조를 가졌으며, 통치와 공동체 의사 결정에 중요한 역할을 하는 원로 회의가 존재했다. 이들은 왕국 내의 행정 및 사법 문제를 감독하는 중요한 권한을 행사했다.

4.7. 대호수 지역의 교환 경제 활동

11세기부터 18세기 사이에 탄자니아에 존재했던 종족들은 생존을 위해 주로 기장, 수수, 바나나, 콩, 고구마와 같은 식량 작물을 생산했다. 물론 식량 작물도 시장이 있으면 상품으로 기능할 수 있었지만, 사람의 힘으로 호수와 강을 지나 해안까지 가는 이동 수단이 구비되지 못했던 시대에 이러한 식량은 환금 상품으로의 가치가 떨어졌다. 바히마족 Bahima과 바이루족 Bairu의 긴밀한 유대감은 씨족 사회에서의 상호보완적 교환 경제를 보여주는 이 지역의 대표적 사례이다. 목축업을 주로 했던 바히마족의 우유, 고기, 가죽과

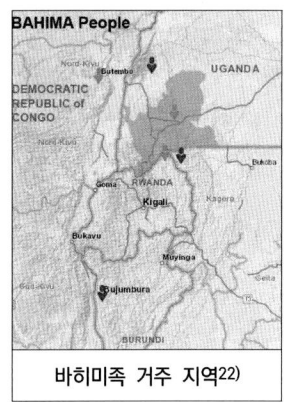

바히미족 거주 지역[22]

---

22) https://www.101lasttribes.com/tribes/nyambo.html

같은 동물성 제품의 잉여분은 농업 종사자인 바이루족의 바나나, 기장, 콩, 고구마와 같은 농산물과 교환된 것이다. 이들 두 종족은 서로의 생산물을 상품으로 생각하지 않고 필요한 물품을 교환하는 상호 의존적 활동으로 이해했을 것이다.

장기적으로 상품 생산이 증가한 데에는 두 가지 주요 요인이 영향을 미쳤다. 우선, 소금, 금속 광석, 다양한 가축 등을 생산한 지역에서 남은 물품을 타 지역의 상품과 교환할 수 있게 됨에 따라 자연스럽게 교환 경제가 활성화되었다. 그런 다음 다양한 종족 공동체 사이의 연결망이 개발되면서 더 많은 상품을 교환할 수 있는 기회가 확대되었다. 특히 소금은 상품 생산 및 교환이라는 지역 무역의 발전에 중요한 자원 중 하나였다. 사람들은 대부분의 음식을 생산할 수 있었지만, 고품질 소금은 특정 지역에서만 찾을 수 있었다. 대호수 지역 전체에서 품질이 좋지 않은 소금은 표면 염전과 염분이 있는 풀에서 얻을 수 있었다. 하지만 그들은 일반적으로 음식을 조리하는 데 필요한 고품질 소금을 선호했기 때문에 소금을 생산하는 사람과의 교환이나 특정 공급원을 통해서만 소금을 얻을 수 있었다.

5. 탄자니아 북동부의 왕국들

탄자니아의 북동부는 킬리만자로, 아루샤, 탕가, 마냐라 Manyara의 일부를 포함한다. 우삼바라, 파레, 킬리만자로, 메루 등의 산맥과 응고롱고로 분화구, 아루샤와 마냐라 주변의 광활한 평원과 고원, 마사이 대초원과 사바나 평야, 그리고 동아프리카 해안 지역 등 다채로운 지형을 자랑한다. 이 지역의 기후는 고도와 해안과의 거리에 따라 다른데, 탕가 주변의 해안 지역은 습도가 높은 열대 기후를 띠는 반면, 산맥 주변의 고지대는 기온이 낮은 온대 기후를 보인다. 북동부 지역에는 차가족, 파레족 Pare, 마사이족, 삼바족 Shambaa, 지구아족 Zigua 등 다양한 종족이 존재한다.

10세기 초부터 북동부 지역에는 철을 사용하는 반투족 농업인, 나일 족 목축민, 작물 재배와 가축을 사육하는 쿠시족 혼합 농부가 거주했다. 15세기에서 18세기 사이에 몇 개의 왕국이 건국되는데, 이들 나라는 식민지 학자들이 이전에 주장했던 것처럼 외부로부터의 군사적 정복이 아니었다. 북동부 지역의 기존 구전 전통에 따르면, 왕국은 대부분 철기 시대를 열었던 종족이 세운 것이었다.

5.1. 차가 왕국

탄자니아 북동부 킬리만자로산 기슭에 거주하는 차가족이 세운 차가 왕국은 단일 왕국보다는 여러 개의 작은 족장 국가로 조직되었다. 족장 국가는 종종 독립적이었지만 문화적, 언어적 유대감을 공유하였다. 차가족의 지도자 또는 족장을 지칭하는 망기 Mangi가 이끄는 이러한 족장 국가들은 수 세기 동안 존재해 왔다. 차가족 족장 국가의 정확한 기원은 기록되어 있지 않지만, 17세기나 18세기에는 별개의 정치적 실체로 발전했을 가능성이 높다. 시간이 흐르면서 이러한 족장 국가들은 확고한 기반을 갖추게 되었고, 식민지 시대까지 이어지는 복잡한 정치·사회적 구조를 갖추게 되었다.

킬리만자로산의 지역의 풍부한 화산 토양과 온화한 기후는 차가족 삶의 핵심인 바나나, 커피, 옥수수 농업에 이상적인 환경을 제공하였고, 이들은 주변의 공동체와 무역을 하며 농산물과 기타 상품을 교환하였다.

5.2. 파레 왕국

파레 왕국은 동부 아크 산맥의 일부인 파레 산맥에 거주하는 파레족의 연합 조직이었다. 중앙 집권 체제인 왕국이라기보다는 족장 집합체의 형태를 지녔다. 각 국가는 족장을 지칭하는 음품와 Mfumwa가 이

파레족 거주 지역[23]

끌었다. 이러한 족장 국가는 반자치적으로 운영되었고, 족장들은 질서 유지, 농업 활동 관리, 그리고 공동체 지도를 담당했다. 파레 사회는 씨족과 친족 집단을 중심으로 조직되었으며, 장로들은 공동체의 의사 결정과 갈등 해결에 중요한 역할을 수행했다. 이러한 족장 국가는 수 세기에 걸쳐 조직된 정치 체제로 발전했으며, 19세기 유럽 식민지 개척자들이 이 지역을 기록하기 시작할 무렵에는 이미 확립되어 있었던 것으로 알려져 있다. 이 지역은 고지대,

---

23) https://www.101lasttribes.com/tribes/nyambo.html

비옥한 계곡, 그리고 다양한 생태계를 특징으로 기장, 얌, 바나나, 커피와 같은 작물을 재배했다.

5.3. 샴바 왕국

17세기 후반에 건국된 것으로 추정되는 샴바 왕국은 샴바족의 초대 통치자이자 건국자로 여겨지는 음베가 Mbegha 왕이 건국하였다. 현재 탄자니아 북동부 우삼바라 산맥에 있던 이 왕국은 콰암베 Kwambe라는 명칭을 갖는 왕이 상당한 권력을 행사하는 중앙집권적 정치 체제와 왕에게 충성을 다하는 지역 지도자들을 중심으로 한 여러 족장 국가 형태였다. 각 족장 국가는 계곡과 개울과 같은 자연적 경계로 이웃과 분리되었으며, 전체 산을 조각으로 자른 파이처럼 나누고 거주하였다. 구성원은 주로 바나나, 기장, 얌과 같은 작물을 재배했으며, 주변 지역과 무역을 통해 철, 가축, 농산물 등의 상품을 교환했다. 샴바 왕국은 19세기 후반 독일 식민 세력이 이 지역의 통치권을 장악하면서 쇠퇴하였다.

5.4. 탄자니아 북동부의 교환 경제 활동

무헤자 Muheza와 한데니 Handeni 고원, 우삼바라, 파레, 메루 산맥, 그리고 킬리만자로산 등의 고지대와 마사이 대초원이 포함된 북동부 지역에서도 118세기 이전에 교환 경제 활동이 구축되어 있었다. 이 지역에서 교환 무역에 참여한 종족들에는 목축에 종사한 마사이족, 아루샤 지역에 거주하며 농업에 종사한 농업 마사이족, 그리고, 차가족, 파레족, 샴바족, 본데이족 Bondei, 지구아족 등이 있다. 이들은 식료품, 가축, 공예품, 도자기, 동물 가죽, 의약품 및 담배와 같은 일반 소비재 상품을 중심으로 교환 경제 활동을 했다.

철광석의 희소성과 특수한 생산 방식 때문에 철제품은 차가족과 마사이족, 그리고 샴바족 등의 특정 일족이 생산하였고,

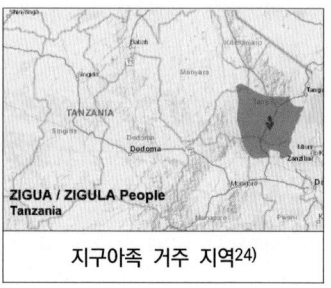

지구아족 거주 지역[24]

중요한 무역 품목이 되었다. 샴바족은 북동부 지역에서 가장 큰 담배 생산자였으며, 이들은 담배를 스와힐리 해안의 종족에게서 조개 껍질을 받고 교환했다. 이들은 우삼바라 지역의 시장에서 소금과 함께 철제품과 사냥감을 바나나, 담배, 작물 등의 물건과 교환하였다. 이러한 시장은 북동부 지역에서 정기적으로 열려 주변 지역들 사이의 교환 경제 활동을 용이하게 하였다.

6. 탄자니아 서부와 중부의 족장 국가

족장 국가 chiefdom는 혈연관계에 기반하는 전근대 비산업 사회의 정체로 족장이나 부족 지도자가 이끄는 정치 조직이다. 인류학의 문화 진화 이론에 의하면 군장국가는 부족사회보다는 더 복잡하고 본격 국가보다는 덜 복잡한 사회이다.

---

24) https://www.101lasttribes.com/tribes/nyambo.html

6.1. 바테미에서 은테미로

탄자니아 중부의 도도마, 싱기다, 마냐라 Manyara, 모로고로 지역 등으로 구성된다. 중부 지역은 내륙 대부분을 가로지르는 해발 약 1,000~1,500m에 있는 고원 지대, 동아프리카 리프트 밸리의 동쪽 부분이 관통하며 생긴 산재한 언덕, 사바나와 초원 등 다채로운 지형을 자랑한다. 탄자니아 다른 지방과 마찬가지로 중부 전역도 10세기 이후 여러 가족으로 형성된 씨족이 모여 마을 공동체가 형성되고, 다시 여러 마을로 구성된 수장령, 즉 족장 국가로 진화한다.

다양한 씨족이 공동체로 묶이면서 인구가 증가하고 의사소통과 다른 지역과의 교역은 자연스럽게 정치적 통치자의 다양한 역할을 요구하게 된다. 혈통을 중시한 씨족 더 나아가 부족의 족장에게는 마을을 건설하고 더 큰 공동체로 통합은 물론 땅을 치유하고 비를 불러 땅을 '식히는 cooling the land' 의미의 '바테미 Batemi', 더 나아가 '은테미 Ntemi'의 역할이 부여되었다.

은테미는 탄자니아의 서부와 중부 거의 전역의 특정 민족 집단, 특히 가장 큰 민족 집단인 수쿠마족의 전통적인 리더십과 통치 방식을 의미한다. 은테미 체계는 이들 집단의 사회적, 정치적 조직에서 중요한 역할을 수행하는데, 공동체의 복지와 행정을 감독하는 전통적인 추장 또는 지도자를 의미하였다.

식민지 통치가 도입되기 직전에 약 30개의 작은 족장 국가가 우삼바라 지역에 있었다. 19세기와 20세기 동안에도 현재 타보라 Tabora, 우람보 Urambo, 시콩게 Sikonge 및 우유이

Uyui 지역에 많은 족장 사회가 존재했고 다고 확인된다. 어떤 계산에 따르면 19세기 후반에 80개가 넘는 족장 국가 존재했다고 한다. 이처럼 탄자니아 다른 지역에서 보다 강력한 왕국이 형성된 것과 달리 서부와 중부 지역에 은테미가 지배하는 수많은 족장 국가가 출현한 것에는 세 가지 이유가 있었다. 첫째, 특정 지역이나 특정 지배층에 의해 특정 시기에 형성된 것이 아니라, 여러 지역과 지배층, 그리고 다른 시간대에 걸쳐 다양한 방식으로 형성되었다. 둘째, 족장 국가가 형성될 지역에 토지가 많았기 때문에 사람들의 이주가 촉진되었고 지형으로 인해 곡물 재배를 위한 화전 농업이 필수적이었다. 셋째, 이 지역은 비옥한 토양이 적고 불규칙한 강우량으로 대규모 인구를 부양할 수 있는 식량을 공급할 수 없었다. 이러한 이유로 탄자니아 서부와 중부 지역에서는 모두 은테미로 대표되는 지배층이 다스리는 수많은 소규모 족장 국가가 형성되었다.

6.2. 탄자니아 서부와 중부의 교환 경제 활동

탄자니아의 다른 지역과 비교하여 서부 및 중부 탄자니아는 일반적으로 토양이 좋지 않고 강수량이 불규칙하다. 이런 조건 하에서 사람들은 강수량이 부족한 환경에서도 잘 자랄 수 있는 기장과 수수와 같은 곡물, 고구마, 옥수수 등의 뿌리 작물, 그리고 가축을 기르며 이 지역에서 살아남았다. 이동식 경작을 통해 주요 식량 작물인 기장과 수수를 재배하고 주변의 숲에서 꿀을 채취하는가 하면, 강과 호수와 산에서 낚시와 사냥을 하였다. 환경적 요인에 따른 자원의 부족은 자연스럽게 희소한 자원을 서로 공유하고 이웃 지역에서 다른 제품을 얻을 수 있는 교환 경제 활동을 가져왔다. 특히 비가 내리지 않고 작물이 일년 내내 충분한 식량을 생산하지 못하는 시기에 더욱 그러했다. 상품의 교환은 이 지역 주민들에게는 생존 전략이었다.

빅토리아호 인근에 정착한 운얌웨지족 Unyamwezi은 어부이자 도기 제작자였다. 그들은 북쪽의 종족들에게는 이웃들과 말린 생선과 도기를 주고 곡물과 다른 물건들을 가져왔다. 또한, 남쪽의 이웃들과는 나무껍질 상자, 꿀, 나무 제품과 같은 산림 자원 상품을 생산하여 곡물 등과 교환했다. 특히 철과 고품질 소금은 이 지역에서 가장 매력적인 교환 상품이었다. 보다 북쪽에 있는 부진자 왕국, 부하 왕국은 물론 탄자니아 남부의 피파족이 수립한 왕국의 많은 사람이 철제 도구를 구하기 위해 몰려들었다. 철제 도구의 무역은 농사일에서 자유롭고 여행이 수월한 건기 동안 이루어졌는데, 철이 갖는 군사적, 경제적 중요도에 의해 주로 30명 이상의 남자들이 매년 찾아오곤 했다.

대호수에서와 마찬가지로 소금도 중요한 무역 품목으로 사용되었다. 탄자니아에서 소금은 루크와 호수 서쪽 끝의 이부나 Ivuna, 에야시 Eyasi, 발란지다 Balangida, 키탄기리 Kitangiri 등의 호수, 그리고 타보라 지역의 카니예네 Kanyenye, 도도마 지역의 우고고 Ugogo 등에서 생산된다. 하지만 탄자니아에 널리 퍼져있는 소금 생산지에도 불구하고, 서부 지역의 우빈자는 고품질로 알려진 소금으로 명성을 떨치며 가장 중요한 소금 공장으로 자리 잡았다. 이 소금은 탄자니아 전역으로 거래되며 교환 경제 활동의 주요한 품목으로 등장하였다.

무거운 철과 소금의 거래와 운반은 보다 전문적인 상인을 탄생시켰는데, 이들은 생산지에서 마을로 철과 소금을 운반하여 다른 상품과 교환했다. 이들 무역 상인은 19세기에 이르러 해안과 내륙 사이의 장거리 무역에서 가장 활동적인 사람들이 되었다. 철 제품, 소금, 식료품, 가축 및 공예품과 같은 기본 상품에 대한 지역 거래는 점차 확대되어 서부 및 중부 탄자니아를 탄자니아 내륙의 다른 지역과 연결하고 심지어 잠비아와 콩고를 동아프리카 해안까지 연결하는 결과를 가져왔다.

7. 탄자니아 남부 고원 지대의 왕국

남부 고원 지대는 탄자니아 남부 지역과는 구별되는 고지대로 포로토 Poroto 산맥, 키펜게레 Kipengere 산맥, 리빙스턴 산맥을 포함한 여러 산맥과 루크와 Rukwa 지역의 우피파 Ufipa 고원과 같은 광활한 고원으로 이루어져 있다. 이 지역에는 루아하강과 같은 중요한 강들이 흐르고 있으며, 국경을 따라 말라위호의 일부가 포함되어 있다. 오늘날 이링가 Iringa, 음베야 Mbeya, 루크와 고원 지대가 여기에 속한다.

이 지역은 우피파 고원을 제외하고는 현재 남아프리카 공화국에 살던 응고니족 Nguni이 1830년대 경에 탄자니아의 남부로 이주하기까지 정착민이 적었다. 19세기 초까지 경작을 위해 나무 괭이를 계속 사용한 것으로 보아 고원 지대의 토지가 많았음에도 농업을 확장하고 삼림이 우거진 이 지역의 개간은 어려웠을 것이다.

10세기 이후 19세기 초까지 남부 고원 지대는 적은 인구라는 이유로 개인이 아니라 마을 공동체가 소유하고 운영하는 풍부한 토지에 바나나, 기장, 콩 등을 재배하며 살았다. 특히 이 지역 사회 조직의 가장 특징적인 점은 같은 나이 또는 세대의 사람들이 평등하게 함께 살았던 연령별 마을 "age-village 이었다. 비슷한 연령대의 사람들이 집단으로 모여 살면서 삶의 다양한 단계를 함께 거치며 농업 활동, 군 복무, 공동 활동을 하는 이 마을 체계는 공동체 사회를 조직하고 사회적 결속력을 보장하는 전통적인 방식이었다.

7.1. 피파 fipa 왕국

현재 탄자니아 남서부, 탕가니카 호 근처에 있던 피파 왕국은 반투족에 속하는 피파족에 의해 건국되었다. 왕국은 최고 정치 지도자로서 사법 집행, 자원 관리, 왕국 내의 평화와 질서 유지는 물론 종종 영적인 세계와 물리적 세계 사이의 중재자인 므웨네 Mwene가 통치했다. 왕

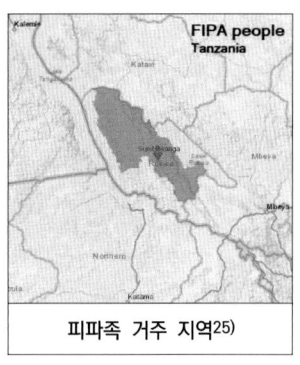

피파족 거주 지역[25]

국의 기본 경제 활동은 지역의 비옥한 토지와 온화한 기후, 그리고

---

25) https://www.101lasttribes.com/tribes/nyambo.html

탕가니카호 등의 입지를 활용하여 기장과 수수 등의 농업과 어업이었다. 이와 함께 왕국이 갖는 전략적 위치를 활용하여 소금, 철기, 농산물과 같은 상품을 이웃 공동체가 속한 중앙아프리카와 동아프리카 지역 무역에 참여했다. 19세기에 들어서 여타의 왕국처럼 피파 왕국도 유럽 식민지 지배의 영향을 받았다. 독일과 이후 영국의 식민 정부는 전통적인 므웨네 지배 구조를 변화시켜 자신들의 식민 체제에 통합한다.

7.2. 밀란시 왕국

탄자니아 남부 고원 지대에서 철기 문화를 일으킨 밀란시 Milansi 왕국은 1700년경에 피파족에 의해 건국되었다. 루크와호와 탕가니카호에 인접한 곳에 있는 밀란시 왕국은 왕 또는 추장은 상당한 권력을 행사했으며, 왕국의 정무를 관리하는 원로 위원회와 관리들의 지원을 받았다. 이러한 정치 구조 덕분에 체계적인 통치가 가능했고 자원과 인력을 효과적으로 동원할 수 있었다. 밀란시 왕국은 그 전략적 위치로 인해 주변 지역의 여러 왕국과 무역, 동맹, 그리고 갈등 관계를 형성했다. 이러한 상호 작용은 식민지 이전 동아프리카의 역동적인 정치 및 문화적 지형을 형성하는 데 기여하였다.

왕국의 경제는 주로 농업, 축산, 어업에 기반을 두었으며, 비옥한 토지와 수역 접근성은 이러한 활동을 뒷받침했다. 특히 철 제련과 대장장이 기술의 발전은 밀란시 왕국의 중요한 기술적 업적이었다. 철제 도구는 왕국의 농업 생산성과 농업 효율성을 향상시켜 더 많은 토지를 경작하고 인구의 증가를 가져왔다. 그리고 무기 생산에 힘입어 밀란시 왕국의 영향력은 우피파 고원 전체에 미쳤다.

7.3. 탄자니아 남부의 교환 경제 활동

 남부 지역에서 곡물과 가축을 제외한 주요 교환 품목은 철제품, 소금, 면직물, 도자기 등이었다. 말라위호 동쪽 은좀베 Njombe 지역의 리강가 Liganga는 이 지역에서 가장 큰 철 생산지로서 이곳의 철제품은 남부 고원과 서부 탄자니아의 많은 지역에서 거래되었다. 남부 지역에서 거래되는 소금 대부분은 루크와 호수 남쪽 끝 근처의 이부나 지역에서 완다족 Wanda이 생산을 전담했다. 이 소금 중 일부는 탄자니아 서부, 잠비아 북동부까지 거래되었다. 담배는 탄자니아의 주요 환금 작물 중 하나이며, 탄자니아 남부의 니하족 Nyiha 거주 지역인 음베야를 포함한 타보라, 이링가 지역에서 재배되었다.

 이 지역의 전통적 유산을 보여주는 또 다른 생산품으로 도자기를 들 수 있다. 니아사 호수 북쪽에 정착한 키시족 Kisi은 도자기 제작의 전문가로서 오랜 전통의 수작업 방식을 사용하여 그릇, 냄비 등의 제품을 제작하였다. 이 도자기들은 고지대와 말라위 북서부에서 널리 교환되었다. 철과 소금은 다른 지역과 마찬가지로 이 지역에서 가장 중요한 교환 품목이고, 면직물, 담배, 도자기 등이 그 뒤를 이었다.

제4장 포르투갈과 식민 시기

고대 시대에 동아프리카인과 유럽인 간의 교류가 제한적이었음에도 두 세계는 무역과 탐험을 통해 연결되었다. 유럽 탐험가들과의 직접적인 교류가 이루어지기 훨씬 이전부터 동아프리카는 지중해 세계와 연결되는 광범위한 무역망의 일부였기 때문이다. 기원전 5세기에 헤로도투스는 자신의 저서 『역사』에서 이집트 남부 지역 주민들의 관습과 생활 방식에 대한 묘사를 제공하였으며. 서기 1세기 중반에 에리트라이아인 선원들의 해의 항해 일지에서도 동아프리카 해안 정착민들에 관한 이야기가 담겨있다.

그리고 서기 2세기의 프톨레마이오스도 동아프리카 지역을 언급하며, 특히 금과 이국적인 상품의 원천으로 묘사한 바 있다. 이처럼 오래전부터 동아프리카인들은 고대 문명과의 교역에 관여했고, 금, 상아, 이국적인 동물과 같은 상품은 유리 제품, 포도주, 직물과 같은 상품과 교환되었다. 동아프리카와 유럽과의 초기 접촉은 주로 경제적이고 간접적이었으며, 동아프리카를 더 넓은 고대 세계와 연결하는 무역망을 통해 이루어지는 경우가 많았다. 유럽의 직접적인 탐험과 식민지 접촉은 중세 후기와 근대 초기에 이르러서야 이루어지게 된다.

포르투갈 제국은 포르투갈이 해외 식민지, 후일 해외 영토를 지배하면서 존속됐던 식민제국이다. 1415년 북아프리카의 세우타 정복부터 1999년 마카오 반환에 이르기까지 약 6세기에 걸쳐 유지되면서, 유럽사에서 가장 오랫동안 유지되었던 식민 제국으로 꼽힌다. 15세기부터 본격적으로 세워져 16세기 초부터 세계 각지로 확장해 나갔으며, 그 지배 범위는 북아메리카의 캐나다, 남아메리카의 브라질, 사하라 이남 아프리카, 인도 서남부의 고아 Goa, 말레이시아 서남부의 말라카 Melaka와 티모르 Timor, 마카오, 오세아니아 도서 지역에 이르렀다.

대항해 시대의 포르투갈은 동아프리카를 본토와 아시아 식민지를 잇는 보급 기지로 활용했으며, 많은 흑인이 노예로 징집되어 아시아 식민지로 파견되었다. 포르투갈은 식민지의 지하자원과 농산물 등 식민지 착취를 통해 국부를 축적함으로써 경제적 이익을 극대화하였다. 또한. 점령지의 지배가 쉽도록 포르투갈은 식민지 동화정책을 펼치는데 원주민을 포르투갈 문화와 사회에 통합하는 것을 목표로 삼았다. 포르투갈어, 관습, 가톨릭을 원주민이 받아들이도록 장려함으로써 문화적 통합을 추구했다.

1. 스와힐리 해안 도시 국가의 상황

15세기 후반과 16세기 초 포르투갈인들이 동아프리카에 도착할 즈음, 동아프리카 해안은 소말리아 남부의 모가디슈에서 모잠비크의 소팔라에 이르는 수백 개의 독립된 도시 국가와 마을이 지배했다. 이 도시의 주민들은 대부분 농업과 어업에 종사했으며, 인도양 세계, 아프리카 대륙의 왕국들, 그리고 이

두 진영 사이를 연계하는 무역에 종사하는 적지 않은 수의 상인 계층이 있었다. 이러한 교역 행위는 개방된 항구 세력과의 다면적이고 상호적인 관계를 특징으로 하며, 이러한 관계는 강압이 아닌 상업적 자유와 정치적 자율성에 의해 지배되었다. 부유한 스와힐리 귀족 계층과 통치자들은 움푹 들어간 안뜰과 정교하게 장식된 접견실이 있는 대형 산호석 주택을 건설하고 교역소로 활용하였다. 30,000명에서 5,000명 사이로 구성된 도시의 주민 대다수는 오랫동안 받아들인 이슬람의 영향의 돔과 아치형 지붕이 있는 화려한 모스크에서 예배를 드렸다. 큰 모스크는 수백 명의 예배자를 수용할 수 있었다.

오늘날의 케냐, 탄자니아, 모잠비크 북부 지역을 포함하는 스와힐리 해안에도 번영했던 도시 국가들이 자리 잡고 있었다. 킬와 술탄국, 몸바사, 잔지바르, 펨바, 소팔라 등을 포함한 이 도시 국가들은 동아프리카 해안을 따라 형성된 스와힐리 고유의 정치, 경제, 종교, 사회, 문화 네트워크의 일부로 존재했다. 각 도시 국가는 독립된 정치 체제를 유지하며 술탄이나 에미르(왕족)이 귀족 계층과 토착민 출신 원로의 협조를 받아 도시를 지배했다. 이들의 권위는 친족 및 결혼의 경계를 초월하여 일종의 느슨한 연방을 형성하며 군사 동맹을 맺는 경우가 많았다. 과세, 무역, 사법, 군사 조직과 관련된 사항은 도시의 지배 집단에 의해 결정되었으며, 항구로 들어오는 배에 부과된 세금의 상당 부분이 원로 위원회에 납부되었다. 이때 무역을 장악한 상인 가문과 긴밀한 관계를 맺는 경우가 많았다. 도시 국가의 상인들은 아라비아, 페르시아, 인도, 심지어 중국 상인들과도 금, 상아, 철, 노예와 같은 상품을 아시아와 중동의 직물, 도자기, 유리 제품, 향신료 등과 교환했다. 스와힐리 항구에 정박한 대부분의 원양 선박은 외국 소유였던 것으로 보이지만, 스와힐리 도시 소유의 선박으로 스와힐리 상인들 또한 남부 아라비아, 서부 인도 중서부의 구자라트 Gujarat, 말레이시아의 말라카로의 무역에도 관여하였다.

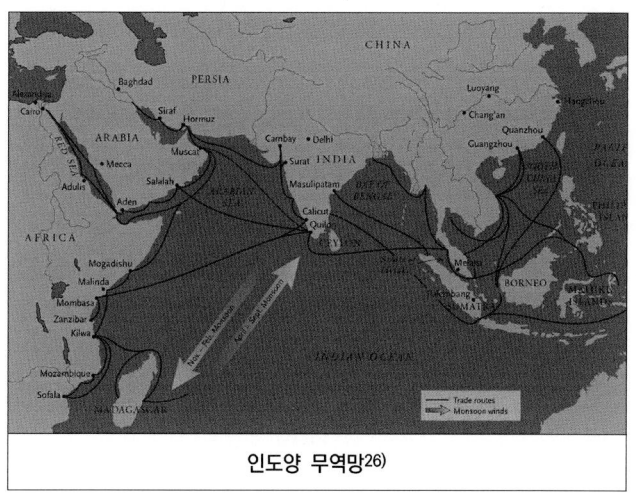

인도양 무역망[26]

15세기 후반, 동아프리카 해안 지역의 번영이 절정에 달한다. 스와힐리 해안 지역에서 생산되는 주된 상품 고급 면을 짜고 염색한 스와힐리 천이나 수입된 비단으로 자수를 놓은 수입천 등이었다. 이렇게 생산된 직물 대부분은 현지에서 소비되었고 일부가 무

---

[26] https://www.timetoast.com/timelines/indian-ocean-trade-route-f1f23995-df69-4aef-9112-062a0261df5e

타파 Mutapa 제국이나 짐바브웨 고원의 남동부 아프리카 왕국으로 수출되었다. 그리고 이곳에서 스와힐리와 수입 직물은 금이나 상아와 교환되어 내륙에서 해안으로 운반되었다. 소팔라는 연간 100만~130만 미스칼 Mithqal(4.25그램에 해당하는 질량 단위로, 주로 금과 같은 귀금속이나 사프란과 같은 상품을 측정하는 데 사용하는 단위)의 금과 수만 킬로그램의 상아를 수출한 것으로 알려졌다.

가장 강력한 도시 국가 중 하나인 킬와는 남부 도시 소팔라에서 아라비아 남부와 인도 구자라트의 인도양 상인들에게 금과 상아를 재수출하며 번영을 누렸다. 금의 재수출은 일부 스와힐리 도시, 특히 킬와는 무역으로 얻은 금의 일부를 세금으로 징수했고, 일부는 보석 제조 및 부의 축적을 위한 주화 주조에 사용되었다. 또 다른 중요한 무역 중심지인 몸바사는 향신료, 상아, 그리고 기타 상품의 무역으로 그리고 잔지바르는 향신료, 특히 정향 무역으로 유명했으며, 인도양 항로를 따라 이동하는 무역상들의 주요 기항지로 성세를 이루었다. 이처럼 해안 지역을 지배하던 말린디, 몸바사, 킬와와 같은 강력한 도시 국가들은 다른 소규모 스와힐리 도시와 마을들로부터 조공을 받으며 자신들의 영향력을 확장하였다.

전반적으로 스와힐리 도시 국가들은 포르투갈의 개입 이전까지 중요한 항구 도시로서 인도양의 중세 무역망에서 중요한 역할을 했던 활기차고 번영했던 독립적인 실체였다. 전반적으로 이들 도시 국가는 복잡한 사회 구조와 풍부한 문화적 전통을 바탕으로 잘 발전하고 경제적으로 번영했다. 그러나 이러한 번영은 수익성이 좋은 무역로를 장악하려는 포르투갈과 같은 유럽 열강의 표적이 되기도 했다. 동아프리카 해안에서 포르투갈의 등장은 스와힐리 도시 국가의 정치적 독립이 종말을 고하는 시작점이었다. 수익성이 좋은 무역로를 장악하려는 포르투갈은 킬와와 몸바사 같은 주요 도시들을 점령하며 그 지배력을 행사했고, 이는 기존 무역망을 붕괴시키고 이 지역의 번영을 쇠퇴시키고 말았다.

2. 포르투갈의 지배

2.1 포르투갈과의 첫 교류

탄자니아와 유럽 간의 최초의 중요한 만남은 대항해 시대 Age of Exploration에 시작되었다. 포르투갈 탐험가들은 15세기 후반 동아프리카 해안에 도착한 최초의 유럽인 중 하나였다. 바스쿠 다 가마 Vasco da Gama(1460?~1524)는 1497년부터 1499년까지 유럽에서 희망봉을 돌아 인도로 가는 해상 항로를 개척하는데, 1498년경 탄자니아와 지리적으로 가까운 현재의 모잠비크와 케냐를 포함한 동아프리카 해안을 따라 여러 차례 정박했다. 그는 첫 번째 항해에서 탄자니아에 직접 정박하지는 않았지만, 그의 항해 경로와 이후 포르투갈의 탐험에는 오늘날 탄자니아를 포함하는 지역인 스와힐리 해안과의 교류가 포함되었다. 그의 항해는 유럽이 동아프리카에 직접 개입하는 시작으로 인정된다. 그의 탐험은 유럽과 동아프리카, 그리고 인도양 등의 무역과 문화 교류의 새로운 시대를 열었다. 또한, 그의 항해는 동아프리카와의 갈등과 유럽의 식민 지배를 위한 토대를 열었으며, 탄자니아를 비롯한 더 넓은 지역의 역사와 발전에 중대한 영향을 미쳤다. 무역을 장악하고 군사적 영향력을 행사하려는 정책은 해안 지역에 상당한 문화적, 경제적 변화를 가져왔다.

2.2. 스와힐리 해안 도시의 점령

바스쿠 다 가마의 항해 이후 포르투갈의 탐험가와 무역상들은 해안에 머물며 주로 무역과 군사 주둔에 기반을 교류하기 시작하였다. 금, 상아, 노예, 향신료 무역에 관심이 많았던 포르투갈은 인도양의 수익성 있는 무역로를 장악하기 현재 탄자니아 일부를 포함한 스와힐리 해안과 중동, 인도, 그리고 그 너머까지 연결하는 무역망을 구축한다. 포르투갈이 스와힐리 해안에 도착했을 당시 이 해안의 도시들은 하나의 국가로서 인도양의 주요 무역 중심지로서 그 부와 영향력이 상당했다. 1502년 초에 킬와의 통치자는 포르투

바스쿠 다 가마의 첫 여정[27]

---

27) https://www.britannica.com/biography/Vasco-da-Gama

갈에게 조공을 바치는 데 동의해야 했다. 하지만 얼마 지나지 않아 포르투갈은 킬와를 약탈하고 나머지 해안 도시들도 함락시킨다. 스와힐리 해안에 도착한 지 8년 만에 그들은 해안과 그곳에서 인도로 이어지는 무역로를 장악한 것이다.

포르투갈은 무역로 장악을 확보하기 위해 탄자니아 해안에 새로운 도시를 건설하지 않고 해안을 따라 이미 건설된 잔지바르, 킬와, 현재 케냐의 몸바사 등 기존 해안 도시를 점령한 후, 일련의 요새와 교역소를 건설했다. 잔지바르와 같은 지역을 포함한 탄자니아 해안 도시들에 대한 포르투갈의 영향력은 체계적인 동화정책보다는 무역과 군사적 우위에 더 집중되었다. 동아프리카 해안을 따라 포르투갈의 영향력은 15세기 후반에 시작되어 17세기까지 지속되었지만, 앙골라와 모잠비크와 같은 후기 아프리카 식민지에서 볼 수 있었던 더욱 발전된 식민 제도와 동화정책과는 달랐다.

그 영향력은 아래와 같다. 첫째, 포르투갈은 주로 인도양 무역로를 장악하는 데 관심이 있었다. 그들의 노력은 지역 주민들을 포르투갈 문화나 통치 체제에 통합시키기보다는 요새를 건설하고 해안 도시 국가로부터 공물을 확보하는 데 집중되었다. 둘째, 포르투갈은 군사력을 사용하여 영향력을 확립하고 유지했다. 그들은 요새를 건설하고 해전을 벌이며 전략적 요충지에 대한 지배권을 확보했으며, 경제적 이익 확보에 중점을 두었다. 셋째, 포르투갈 상인과 지역 주민 간의 교류로 어느 정도 문화 교류가 이루어졌을지라도 지역 주민을 포르투갈 문화에 동화시키려는 공식적인 정책은 없었다. 그 영향은 주로 건축, 언어 차용, 그리고 일부 지역에 기독교를 도입하는 데 국한되었다. 넷째, 포르투갈은 종종 군사력과 함께 외교를 활용하여 지배력을 확립하고, 지역 통치자들과 협상하여 동맹과 조공 협정을 체결했다. 이러한 접근 방식은 문화적 통합보다는 공존과 경제적 착취에 더 중점을 두었다.

1) 잔지바르

14세기 후반부터 15세기 초에 걸쳐 잔지바르는 이전 서쪽과 남쪽 해안 지역의 정착지에 더해 동쪽 해안 중부 지역인 우로아 Uroa, 퐁웨 Pongwe, 키웬그와 Kiwengwa 주변으로 더욱 많은 정착지가 생겨났다. 섬은 여전히 인도양 주변의 나라들과 금, 상아, 향신료 등을 거래되며 더욱 국제적인 무역 도시로 활기가 넘쳤다. 1503년 인도 함대의 제3전 대장인 루이 로렌수 라바스코 Ruy Lourenço Ravasco(1435?~1575?)가 지휘하는 배가 잔지바르에 도착한다. 그는 인도로 가는 여정 중에 모잠비크 섬을 지나 킬와 키시와니에 머무는 동안 바스코 다 가마가 이미 킬와에서의 조공과 도시와의 보호 협정을 맺은 것을 알고 난 후, 스와힐리 해안의 또 다른 섬을 찾아온 것이다.

포르투갈은 섬의 무역을 장악하고 있던 현지 아랍 및 스와힐리 상인들, 지역의 통치자들과 해상 접전을 벌였으며, 무장 선박을 포함한 뛰어난 해군 기술을 활용하여 현지 세력에 대한 지배력을

---

28) https://domestictourismsafaris.co.tz/beaches-of-zanzibar/

강화했다. 포르투갈은 군사력과 외교적 전술을 모두 활용하여 잔지바르에 대한 지배권을 확립하고 현지 통치자들에게 조공 협정을 강요함으로써 실질적인 정착이나 직접적인 통치 없이도 섬을 포르투갈의 영향력 아래 두었다. 잔지바르섬 정착민들의 도전을 쉽게 물리친 라바스코는 잔지바르에서 매년 100개의 금화를 포르투갈에 공여하는 협정을 맺었다.

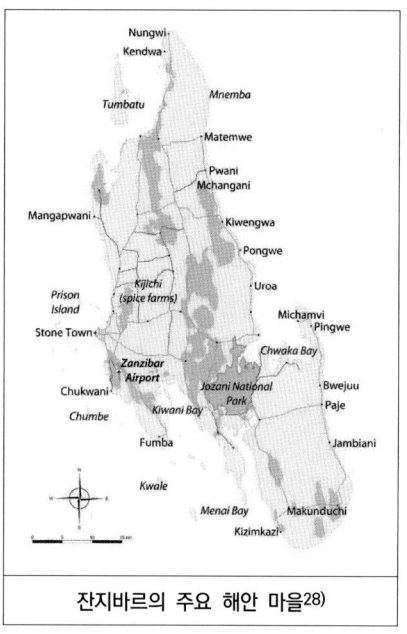

잔지바르의 주요 해안 마을28)

잔지바르 공략 당시 잔지바르의 동쪽 해안 세력은 포르투갈 적대적이었다. 그러나 한편으론 케냐 몸바사의 패권에 눌려 정치경제적 이익이 제한되었던 잔지바르섬의 일부 주, 섬의 서쪽 해안의 세력은 오히려 포르투갈과 동맹을 맺는다. 그리고 이들 서쪽 세력은 1523년에 몸바사의 지배를 받던 키림바스섬 Quirimbas을 탈환하기 위한 군사 지원을 포르투갈에 요청했고, 1528년에는 몸바사와 전투를 위해 포르투갈에 식량을 제공하기도 했다.

잔지바르의 지배는 동아프리카 해안의 주요 무역항을 장악하려는 포르투갈의 더 큰 전략의 일환이었다. 포르투갈은 다른 지역처럼 잔지바르에 대규모 정착지를 건설하지는 않았다. 17세기 후반 올드 포트 Old Fort(아랍 요새 Arab Fort로도 알려짐)와 교역소를 통해 지배력을 유지했다. 이 요새는 경쟁 유럽 세력과 지역 주민들의 저항으로부터 포르투갈의 무역로와 정착지를 방어하는 데 유용했다. 포르투갈은 점령 동안 이 지역에 새로운 건축 양식과 언어 및 종교의 일부 측면을 도입하는 등 문화적 영향을 미쳤다. 그러나 포르투갈의 영향력은 그들이 지배하던 다른 지역에 비해 잔지바르에서 상대적으로 약했다.

2) 펨바

포르투갈은 동아프리카에 도착한 직후인 1500년대 초부터 펨바섬을 점령하고 성 안드레아 요새 Fort of St. Andrew를 건설한다. 이 지역에서 흔히 볼 수 있는 건축 자재인 산호석을 사용하여 건설되었으며, 현지 주민들의 저항과 유럽 열강으로부터 포르투갈의 이익을 보호하는 군사 거점 역할을 수행하였다.

포르투갈은 펨바섬에 기독교를 전파하고, 무역 방식을 변화시키고, 지역 통치를 통제하려는 시도를 통해 영향력을 행사했다. 그러나 포르투갈은

펨바섬의 성 안드레아 요새[29]

---

29) https://en.wikipedia.org/wiki/Fort_Saint-Andr%C3%A9_(Villeneuve-l%C3%A8s-Avignon)

직접적인 통치보다는 일부 지역 통치자들에게 협력의 대가로 어느 정도의 자치권을 유지하는 동맹 관계와 조공 제도를 통해 지배하는 정책을 펼쳤다.

잔지바르 군도의 다른 섬들과 마찬가지로, 펨바는 인도양 무역로를 따라 위치한 전략적 요충지였다. 향신료, 상아, 노예 등의 상품 거래가 활발했던 펨바는 포르투갈의 중요한 목표였다. 또한, 비옥한 토지와 농업 잠재력으로 유명한 펨바는 이러한 무역망의 일부가 되었지만, 직접적인 교류는 잔지바르에 비해 제한적이었다. 포르투갈은 펨바에 대규모 정착지를 건설하지는 않았지만, 군사적 주둔과 경제적 영향력을 통해 지배력을 행사했다. 그들은 이 지역을 통과하는 상품에 세금과 관세를 부과하고 상품 흐름을 조정하여 인도양 무역망에 대한 지배력을 강화한다.

3) 킬와 키시와니

1498년 바스코 다 가마가 이끄는 탐험대는 이미 킬와 키시와니에 머물렀던 바가 있다. 하지만 초기 접촉 당시 포르투갈인들은 킬와를 포함한 동아프리카 해안을 탐험하며 무역 관계를 구축하고 이 도시 국가들의 부와

Kilwa 시의 1572년 묘사[30]

---

30) https://ko.m.wikipedia.org/wiki/%ED%8C%8C%EC%9D%BC:
City_of_Kilwa,_1572.jpg

방어력에 대한 정보를 수집하는 것에 그쳤다. 킬와를 최초로 군사적으로 점령한 사람은 포르투갈인은 프란시스코 데 알메이다 Francisco de Almeida(1450~1510; 포르투갈의 귀족, 군인, 탐험가)이다.

알메이다의 함대는 우월한 해군력과 강력한 무장을 갖추고 도착해 도시를 포격하고 지역 방어선을 빠르게 돌파했다. 킬와 술탄국의 통치자였던 에미르 이브라힘 Emir Ibrahim 술탄은 포르투갈의 첨단 무기와 전술에 저항하는 것이 무의미하다는 것을 깨닫고 포르투갈의 요구에 굴복할 수밖에 없었다.

당시 킬와는 술탄이 지배하는 국가로서 금, 상아, 그리고 기타 상품 무역에 관여하면서 번영하고 전략적으로 중요한 도시국가였다. 킬와를 점령한 후, 포르투갈은 섬에 게레사 요새 Gereza Fort로 알려진 요새를 건설하여 수비대를 상주시켜 도시의 지배권을 장악하였다. 또한, 이 요새의 건설은 동아프리카 해안의 주요 항구들을 장악하는 것을 포함, 인도양 무역망을 장악하기 위한 광범위한 전략의 일환이었다. 이 요새는 군사 기지이자 이 지역에서 포르투갈의 지배력을 유지하는 군사 및 행정 중심지 역할을 했다. 포르투갈은 이 도시의 정복을 통해 기존 무역망을 장악하고 상품 흐름을 자신들의 이익에 맞춰 조정하고자 했다.

3. 포르투갈의 영향력 쇠퇴

16세기 초부터 17세기 후반까지 몸바사, 잔지바르, 킬와 등 스와힐리 해안의 일부를 지배했던 포르투갈의 영향력은 해안의 특정 위치에 따라 약 150년에서 170년 동안 지속되었다. 포르투갈의 통치하에 스와힐리 해안 도시의 토착 지배 세력은 주로 섬과 도시 국가를 통치하는 현지 스와힐리 지도자였다. 이 지도자들은 아프리카, 아랍, 페르시아의 영향이 혼합된 더 광범위한 스와힐리 문화의 일부였으며, 포르투갈이 도착하기 전에 번영한 무역 사회를 구축하였다. 하지만 포르투갈의 통치 동안 스와힐리 도시 국가의 토착 지배 세력은 상당한 혼란을 겪었다. 초기에 포르투갈은 스와힐리 해안 지역에 대한 영향력은 간접적인 지배를 특징으로 하였다. 지역 통치자들이 명목상의 지도자로 남아있도록 허용함으로써 그들의 권위를 활용하여 무역을 촉진하고 질서를 유지하는 동시에 무역로를 독점적으로 통제하고 교역품에 세금을 부과하여 무역을 독점함으로써 포르투갈의 지배력을 유지했던 것이다. 그러나 포르투갈의 감독과 압력에 자주 노출된 도시의 지배 세력은 실질적인 권력과 자치권은 상당히 약화되었다. 포르투갈은 독자적인 행정 체계를 구축하고 전략적 요충지에 수비대를 배치하여 군사적, 경제적 우위를 통해 도시의 효과적 통제와 지배를 지속한다. 포르투갈의 요구에 저항하거나 독립을 유지하려 했던 토착 지도자들은 종종 군사적 보복에 직면하거나 폐위되곤 하였다.

17세기 후반, 포르투갈의 스와힐리 해안의 지배력은 변화를 맞이한다. 주로 군사적, 상업적 목적을 위해 무역로를 장악하고 자원을 추출하는 것을 목표로 삼았던 포르투갈의 존재는 그 점령기 동안 이 지역에 세금을 부과하고 상품의 흐름을 통제하였다. 이러한 정책은 당연하게 지역 경제에 영향을 미쳐 잔지바르와 아라비아반도, 인도, 그리고 아프리카의 다른 지역을 연결하는 기존 무역망을 붕괴시키게 되었다. 그리고 스와힐리 해안 권력의 추는 반대쪽으로 기울게 된다. 이들 도시 국가에서 포르투갈의 영향력이 쇠퇴한 것은 다양한 요인의 영향을 받아 수십 년에 걸쳐 점진적으로 진행되었다. 이들 요인을 알아보자.

첫째, 도시 국가의 저항과 지역 봉기이다. 무역로 독점과 높은 세금으로 인한 전통적인 무역 관행의 교란으로 지역 통치자들과 상인을 포함한 광범위한 불만이 포르투갈을 향한 저항을 가져왔다. 잔지바르를 포함한 스와힐리 도시 국가들에 대한 포르투갈의 침략과 지배는 지역 지도자들과 주민들의 봉기를 불러왔다.

둘째, 경제적 쇠퇴와 이에 따른 경쟁이다. 포르투갈은 지역 경제의 성장과 촉진보다는 무역 통제에 집중했고, 이는 각 도시가 가졌던 무역의 허부 역할을 제한하였다. 이와 함께 포르투갈의 파괴적인 무역 정책과 군사적 행동으로 인해 일부 무역로가 스와힐리 해안에서 벗어나 북쪽 지역으로 이동하게 되었다. 이로 인해 각 도시의 경제적 위상이 감소하였다.

셋째, 경쟁하는 유럽 및 지역 강대국들의 등장이다. 16세기와

17세기에 네덜란드와 영국과 같은 다른 유럽 강대국들이 인도양에서 포르투갈의 지배력에 도전하기 시작한다. 이와 함께 아라비아반도의 오만 Omani 제국은 강력한 해상 강국으로 부상하여 잔지바르를 포함한 스와힐리 해안에 대한 영향력 확대를 모색했다.

넷째, 군사력의 과잉 확장이다. 포르투갈은 아시아, 아프리카, 아메리카 대륙에 이르는 광대한 제국 전역에 걸쳐 영토를 과도하게 확장했다. 여기에 더해 동아프리카 해안 전체와 광활한 인도양 무역망을 장악하려는 정책은 자연스럽게 포르투갈의 군사력을 과도하게 확장하게 하였다. 이에 대한 반작용은 스와힐리 해안 지역과 같은 멀리 떨어진 영토 거점을 군사적으로 유지하기 어렵게 만들었다.

4. 스와힐리 도시의 저항 방식

포르투갈 통치의 제약에도 불구하고 포르투갈의 지배에 대응하여 일부 스와힐리 지도자들은 포르투갈의 통제가 어려운 지역으로 권력 기반을 이전하거나 이동시켰고, 오만 아랍인과 같은 다른 지역과의 동맹을 통해 저항을 유지했다. 또한, 스와힐리 지도자들은 문화적, 종교적 정체성을 유지했으며, 이는 외세의 지배에 맞서 지역 주민들을 단결시키는 데 중요한 역할을 했다. 이러한 문화적 회복력은 전략적 동맹과 결합하여 결국 포르투갈의 영향력이 감소하고 17세기 후반 오만 아랍인의 도움으로 지방 권위가 재건되는 데 도움을 준다. 스와힐리 도시 국가들은 포르투갈의 지배에 저항하기 위해 몇 가지 전략을 사용하였다.

첫째, 군사적 저항으로 스와힐리 도시 국가들은 포르투갈과 직접적인 군사적 충돌을 벌였다. 지역 지도자들은 도시를 방어하고 무역로를 장악하기 위해 해전과 포위 공격을 감행하기도 했다. 그들은 지역 해역에 대한 지식을 활용하여 기습 공격을 감행하고 포르투갈의 해상 활동을 방해하였다.

둘째, 현지 지리에 대한 해박한 지식과 해상 작전 능력을 활용하여 포르투갈이 점유한 진지와 보급로에 대한 기습 공격과 습격을 감행하는 게릴라 전술을 사용했다. 포르투갈 시설과 보급로를 향한 공격 후 도주, 포르투갈군의 이동 경로에 매복과 기습, 현지 해역에 대한 우월한 지식과 기습 작전을 활용한 물자의 탈취, 포르투갈의 선박보다 작은 소형 선박을 이용한 기습, 대규모 전투보다는 고립된 포르투갈 수비대의 시설 공격과 집중시킨 국지적 저항을 통한 지역의 지배력 약화, 요새, 보급창, 기타 중요 기반 시설의 공격을 통한 포르투갈의 지배력 약화와 작전 효율성 저하를 위한 사보타주 등이 게릴라 전술의 실례이다.

셋째, 포르투갈의 침략에 대응하여 일부 스와힐리 도시 국가들은 주민들을 보호하기 위해 도시를 요새화하고 포위 공격과 공격에 대비하여 방어력을 강화했다. 여기에는 성벽과 요새를 건설하거나 강화하는 것이 포함된다. 도시 주변에 건설한 석벽과 요새, 도시로의 접근을 통제하는 요새화된 관문 설치, 성벽과 해안선에 망루 건설, 성벽 주변의 해자와 참호 구축, 무거운 목재와 금속으로 보강된 강화된 문 등과 도시의 좁은 거리와 골목길이나 섬, 반도, 고지대와 같은 지정학적 위치 등이 침략에 맞서고 방어력을 강화하는 요새화의 실례이다.

넷째, 포르투갈 관리들을 몰아내고 무역과 통치에 대한 통제권을 되찾는 것을 목표로 여러 도시 국가에 걸쳐 공동으로 봉기를 일으켰다.

다섯째, 경제적 저항의 방법으로 스와힐리 상인들은 대체 무역로를 이용하고 밀수에 관여함으로써 포르투갈의 무역 제한을 우회하려 했다. 이는 포르투갈의 경제적 지배력을 약화시켜 지역 경제를 유지하는 데 도움이 되었다.

여섯째, 외교와 협상: 상황에 따라 스와힐리 지도자들은 포르투갈과 더 나은 조건을 협상하거나 포르투갈 행정부 내부의 분열을 이용하여 자신들에게 유리하게 외교적 협상과 노력을 기울였다.

일곱째, 스와힐리 도시인은 문화적·종교적 정체성을 유지했고, 이는 외세의 지배에 맞서 단결하는 데 도움이 되는데, 특히 이슬람은 기독교를 믿는 포르투갈에 맞서는 통합 세력으로 작용했다.

여덟째, 스와힐리 도시 국가들은 다른 지역 강대국들, 특히 동아프리카 해안을 장악하는 데 관심이 있던 오만 아랍 국가들과 동맹을 맺었다. 이러한 동맹은 포르투갈의 지배에 저항할 수 있는 추가적인 군사력과 자원을 제공하였다.

전반적으로 스와힐리 도시 국가들은 포르투갈에 맞서는 통합된 전선보다는 외교, 군사 행동, 그리고 경제적 저항과 같은 전략적 방식을 채택하여 저항했다. 이러한 저항 노력은 오만 아랍인들의 세력 확장을 위한 스와힐리 도시에 대한 외부 지원과 맞물려 결국 포르투갈의 영향력은 점차 감소하였다. 그리고 17세기 후반 스와힐리 해안 곳곳에서 포르투갈인들이 추방되었고, 오만 아랍인들은 펨바와 잔지바르 등 스와힐리 해안의 다른 지역에 대한 지배력을 확립하기 시작했다. 마침내 18세기에 이르러 이 지역에 대한 포르투갈의 직접적인 지배가 대부분 종식된다.

5. 스와힐리 지역 사회의 변화

포르투갈이 스와힐리 해안을 지배하는 동안 몇 가지의 긍·부정적인 중요한 변화가 발생한다. 우선 지역 사회에 끼친 부정적 영향을 살펴보자.

첫째, 무역 통제와 경제적 혼란. 포르투갈은 금, 상아, 향신료와 같은 상품에 중점을 두고 인도양의 수익성이 좋은 무역로를 장악하였다. 이를 위해 교역품에 세금을 부과하고 무역에 대한 독점권을 확립함으로써 자신들이 이익을 위한 상업 활동을 수행하였다. 이러한 포르투갈의 무역로 통제와 독점적 관행은 기존 무역망을 붕괴시켜 아프리카 내륙 및 인도양과의 무역을 통해 번영했던 스와힐리 도시 국가들의 지역 경제에 중대하고 부정적인 영향을 미쳤다.

둘째, 지역 도시 국가의 쇠퇴. 10세기부터 15세기까지 번영했던 동아프리카 해안의 스와힐리 도시 국가들은 포르투갈의 등장으로 전통적인 무역망의 붕괴와 경제력의 약화를 맞닥트린다. 이는 지역적 영향력의 약화로 이어졌으며 지배 권력의 약화와 도시 자체의 쇠퇴로 이어졌다. 여전히 많은 도시가 존재하며 사람이 거주하고 있지만 더 이상 과거처럼 강력한 무역 중심지로서 위상을 찾지 못했다.

셋째, 지역 사회의 불안정. 포르투갈의 점령기 동안 지배에 저항하는 스와힐리 지역 국가들과 오만 아랍인과 같은 경쟁 세력과의 갈등과 끊임없는 저항이 빈번하게 야기되었다. 포르투갈과 스와힐리의 도시들과 아랍인과의 잦은 군사적 갈등과 접전으로 지역 사회의 불안정과 혼란이 계속되었다.

넷째, 종교적 갈등. 가톨릭 신자인 포르투갈은 이 지역에 기독교 전파에도 힘썼다. 무슬림이 우세한 지역에 기독교를 전파하려는 시도는 종교적 긴장을 가져왔다. 비록 상당한 개종은 일어나지 않았지만, 선교사들의 존재와 교회 건설은 무슬림이 주류를 이루는 스와힐리 주민들과 종교적 갈등을 가져왔고, 이 지역의 문화적, 종교적 복잡성을 더욱 심화시키게 되었다.

이러한 부정적 변화와 함께 긍정적 요인도 스와힐리 해안 지역에 적지 않은 변화를 가져왔다. 이를 알아보면 다음과 같다.

첫째, 세계 무역 연결. 포르투갈 제국의 일부였던 스와힐리 해안은 유럽, 아시아, 아메리카를 포함하는 세계 무역망과 연결되게 된다. 금을 비롯하여 상아, 향신료의 교역과 함께 포르투갈은 옥수수와 카사바와 같은 새로운 작물을 스와힐리 해안 지역에 도입하여 지역의 주요 식량으로 삼았다. 이는 농업 다양성과 식량 안보에 크게 기여한다.

둘째, 해양 기술과 항해 발전. 포르투갈은 이 지역의 지배를 위해 선진 해양 기술과 항해 기술을 도입했다. 작고 기동성이 뛰어난 범선인 카라벨 Caravel의 운영, 아스트롤라베 astrolabe와 쿼드런트 quadrant와 같은 첨단 항해 장비의 도입을 통한 정확하고 먼 거리의 항해 가능성 확대, 항해와 무역로 구축에 필수적인 인도양의 상세한 지도와 해도 제작, 함선에 장착한 대포와 화기 등은 지역 해상 교통망을 강화하여 지역의 해양과 항행의 발전을 가져왔다.

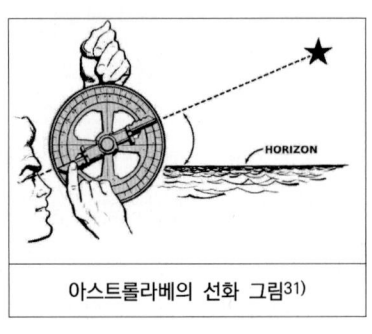

아스트롤라베의 선화 그림31)

셋째, 문화적 교류. 요새와 교역소에 적용된 포르투갈 건축 양식은 이 지역에 새로운 문화적, 건축적 변화를 일으켰고, 일부 건물에는 유럽풍 요소가 접목되었다. 유럽풍 영향은 건축 양식에 국한되지 않고 새로운 음식, 식물, 동물과 유럽 문화 및 종교의 일부 측면까지 포함된다. 포르투갈의 영향으로 도입된 새로운 문화는 기존 스와힐리 및 이슬람 전통과 융합되었다. 이러한 문화 교류는 유럽과 스와힐리 해안 간의 문화 교류를 촉진했으며 그 영향과 유산은 오늘날까지도 탄자니아의 해안 지역과 그 너머까지 이어지고 있다.

---

31) https://commons.wikimedia.org/wiki/File%3AAstrolabe_(PSF).png

제5장 스와힐리 해안의 오만 제국 지배

오만 제국의 스와힐리 해안 지배는 동아프리카 해안 지역, 특히 잔지바르와 본토 일부 지역에 대한 오만의 영향력이 두드러졌던 중요한 역사적 시기이다. 왕성한 인도양 무역과 다국적 문화 교류의 용광로인 스와힐리 해안은 8세기에서 10세기 초부터 부상하기 시작한 도시들의 발전으로 국가 형태의 지배 세력이 등장한 이후, 10세기에서 15세기까지 이슬람의 세력 확장으로 술탄의 통치를 받았다. 또한, 16에서 17세기까지 스와힐리 해안은 인도양 무역을 장악하기 위해 이곳에 도착한 포르투갈의 식민 지배 시기를 맞이하였다. 그리고 17세기 후반, 오만 제국은 스와힐리 해안에서 포르투갈을 몰아내고 이 지역에서 주도권을 잡기 시작한다.

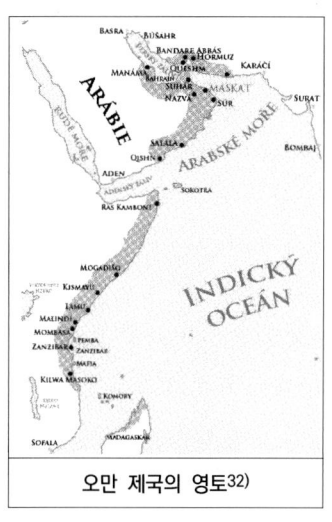

오만 제국의 영토[32]

오만 제국은 1508년 포르투갈이 점령했던 현재 오만의 수도인 무스카트 Muscat를 이슬람-아랍 세력이 연합하여 탈환한 이후 1624년에 시작된 야루바 Yaruba 왕조가 1650년에 건립

---

32) https://namu.wiki/w/%EC%98%A4%EB%A7%8C%20%EC%A0%9C%EA%B5%AD?uuid=d2d38953-3b55-4e6f-890e-6c0e2742bfe1

한 무스카트 술탄국(1650~1820)에서 시작한다. 제국의 지배는 17세기 후반 탄자니아 일부 지역, 특히 잔지바르와 스와힐리 해안과 같은 해안 지역에 대한 통치를 시작으로 이러한 영향력은 1850년 사이드 빈 술탄 Said bin Sultan(1791~1856; 무스카트와 오만의 술탄)이 수도를 무스카트에서 잔지바르로 옮기면서 19세기 초 더욱 굳건해졌다. 오만 제국의 술탄은 지역 총독을 통해 스와힐리 해안 지역에 대한 정치적 지배력을 행사했다. 오만의 영향력은 아랍 문화와 스와힐리 문화의 융합으로 이어졌다. 오만은 잔지바르를 정향과 같은 향신료와 노예 무역을 중심으로 한 무역의 중심지로 만들었으며, 이러한 활동을 통해 창출된 부는 오만 통치자들의 번영과 잔지바르가 세계적인 중심지로 발전하는 데 기여하였다. 오만의 통치는 1890년 헬골란드-잔지바르 Heligoland-Zanzibar 조약 이후 영국이 잔지바르에 보호령을 설립하면서 사실상 종식되었다.

1. 포르투갈과 오만 제국과의 전쟁

17세기에 전개된 탄자니아를 포함한 동아프리카 해안에서 포르투갈로부터 오만 제국으로의 세력 이동은 중요한 역사적 전환이었다. 탄자니아 역사에서 포르투갈과 오만 제국 간의 관계는 특히 16세기에서 18세기까지 동아프리카 해안에 대한 지배권을 둘러싼 갈등과 경쟁으로 점철되어 있다. 스와힐리 해안에서의 세력 변화는 군사적 갈등, 경제적 이해관계, 전략적 동맹 등 여러 주요 요인에 의해 주도되었다.

15세기 후반 바스코 다 가마와 같은 탐험가들의 지휘 아래 동아프리카 해안에 도착한 포르투갈은 16세기 초, 킬와, 잔지바르, 몸바사를 포함한 여러 주요 해안 지역에 진출하면서 수익성이 좋은 인도양 무역로를 장악하고 군사력과 전략적 동맹을 통해 스와힐리 도시 국가들에 대한 영향력을 행사하였다. 한편, 아라비아반도의 전략적 요충지를 차지한 오만 제국은 인도양에서 오랫동안 해상권을 장악하며 중요한 해상 강국으로 성장했다.

17세기 무렵, 오만은 강력한 해군 강국으로 부상했고, 포르투갈이 장악하고 있던 수익성 좋은 무역로에 대한 영향력을 확대하려 한다. 그들은 동아프리카 해안을 따라 포르투갈이 점령한 영토를 상대로 여러 차례 군사 작전을 수행하였다. 이 군사 작전은 포르투갈의 이 지역 지배를 종식하고 오만의 영향력을 확립하는 데 중요한 역할을 했다. 이 작전들은 전략적 계획, 뛰어난 해군력, 그리고 지역 지도자들과의 동맹으로 특징지어졌다.

포르투갈은 17세기까지 동아프리카 해안을 따라 여러 도시 국가에 주요한 군사적 거점을 구축하며 도시 국가들의 산발적 반란을 진압하였다. 하지만 자치권과 더 유리한 무역 조건을 갈망했던 현지 스와힐리 도시 국가들의 반발을 샀다. 이와 함께 17세기 후반 오만 아랍인들은 이 지역의 중요한 해상 강국으로 부상하며 스와힐리 해안에 대한 영향력을 점차 확대하게 된다. 초기 오만 제국은 포르투갈의 카락 Carracks이나 갤리온

Galleons 같은 대형 함선보다 인도양이니 홍해 지역의 가변적인 바람 조건에 적합한 전통적인 범선인 다우 Dhows의 기동력을 활용하여 포르투갈의 무역 및 보급로를 교란하는 것을 목표로 삼았다. 이러한 범선 운용의 전략은 오만이 포르투갈을 동아프리카 해안에서 몰아내는 데 중요한 역할을 담당했다.

카락 33)   다우 범선34)

다우선의 전략적 선택은 자연스럽게 포르투갈과 비교되는 오만 제국의 뛰어난 해군력의 증강으로 귀결되었다. 다우선이 오만의 군사력 증가를 가능하게 만든 주요 특징은 다음과 같다. 첫째, 속도와 민첩성, 다우는 카락이나 갤리온선과 같은 대형 포르투갈 선박보다 작고 가벼워 더 빠르고 기동성이 뛰어나 신속한 공격과 후퇴에 이상적이었다. 둘째, 얕은 흘수, 다우는 해안선 가까이에서 항해하고 동아프리카 해안의 복잡한 연안 해역을 통과할 수 있어 봉쇄와 기습 공격에 효과적이었다. 셋째, 다재다능함, 다우는 무역

---

33) https://en.wikipedia.org/wiki/Carrack
34) https://en.wikipedia.org/wiki/Dhow

과 군사 목적 모두에 사용될 수 있었고 그들의 신속한 역할 전환 능력은 보급선 유지와 군사 작전 수행에 매우 중요한 역할을 했다. 다우선의 이러한 특징은 오만 해군 작전의 성공에 크게 기여하여 동아프리카 해안에서 포르투갈의 지배력에 효과적으로 도전하고 결국에는 극복할 수 있게 한 것이다.

오만 제국은 포르투갈의 지배에 불만을 품은 지역 스와힐리 지도자들은 물론 페르시아와 동맹을 맺었다. 인도양에 대한 풍부한 경험과 지식을 갖춘 오만 해군과 스와힐리 해안의 지형을 잘 알고 있는 도시 국가의 지도자들은 다우선을 최대한 활용하여 민첩성이 떨어지는 포르투갈 선박에 비해 전략적 우위를 극대화했다. 이와 함께 전쟁에 필요한 자원을 도시 국가로부터 원활하게 제공받을 수 있었던 것도 양측 동맹이 가져온 수확이었다.

1.1. 포르투갈과 오만의 충돌

포르투갈은 1622년에 호르무즈 Hormuz 해협을 페르시아 사파비 Safavid 왕조에게, 1650년에는 무스카트를 오만의 이맘에게 빼앗긴다. 그리고 1696년에 몸바사에서 동아프리카 해안의 지배권을 놓고 포르투갈과 오만의 결정적인 전투가 벌어진다. 이 전투는 인도양 무역로와 전략적 항구에 대한 지배권을 놓고 경쟁하던 두 세력 간의 일련의 교전에서 가장 중요한 사건이었다. 몸바사 전투의 승리를 기점으로 오만은 동아프리카 문제에 처음으로 대대적인 개입을 시작하였다.

몸바사 예수 요새 포위전

동아프리카 스와힐리 해안에서 벌어진 오만 제국과 포르투갈 사이의 군사적 충돌을 종식시켰던 가장 결정적인 전투는 오만군의 작전은 일련의 해전과 포위전을 수반했다. 가장 중요한 작전 중 하나는 현재 케냐의 도시 몸바사 예수 요새 포위전이었다. 몸바사 항구를 보호하고, 인도양 무역로 장악에 중요한 동아프리카 해안에서 포르투갈의 입지를 굳건히 하기 위해 특별히 굳건하게 건설된 이 요새 포위전은 1696년부터 1698년까지 계속되었다. 이 포위전은 오만 술탄국과 포르투갈 간의 중추적인 군사 작전으로, 동아프리카 해안에 대한 지배권의 중대한 전환을 가져왔다.

- 초기 공격: 1696년, 오만군은 예수 요새에 대한 첫 번째 대규모 공격을 감행한다. 포위 공격은 오만 함대가 요새를 봉쇄하면서 시작되었다.
- 봉쇄와 소모: 오만군은 포르투갈 수비군에게 지원이 도달하지 못하도록 신속한 기동이 가능한 다우선들 이용해 해상 봉쇄를 유지함과 동시에 요새 수비군을 굶겨 항복시키려는 의도로 육지에서도 요새를 포위하고 모든 지상 보급로를 차단하였다.
- 포르투갈 수비: 약 2,500명의 병사와 지역 동맹군, 그리고 민간인으로 구성된 포르투갈 수비군은 요새의 강력한 방어력과 충분한 보급품 덕분에 처음에는 저항할 수 있었다. 그러나 포위 공격이 장기화하면서 자원이 고갈되고 상황은 악화되었다. 수비군은 요새 내부에서 괴혈병과 천연두와 같은 질병의 창궐과 식량 등의 보급 부족 등의 심각한 어려움에 직면하여 병력이 급감했다.
- 스와힐리 지역의 협조: 요새를 강화한 포르투갈의 재보급 실패와 오만군의 전략적 봉쇄, 그리고 포르투갈에 적대적인 해안 지역 스와힐리족의 협조와 다양한 지원

> 등이 오만군의 전투 수행 능력을 향상시켰다.
> - 최후의 공격: 거의 3년간의 포위 공격 끝에 지친 수비군의 병력 감소가 뚜렷해진 상황에서 1698년 12월 요새에 대한 최후의 공격이 감행되었다. 저항을 계속할 수 없었던 남은 포르투갈 수비군 13명은 오만군에게 항복한다.
> 예수 요새의 성공적인 함락은 포르투갈의 동아프리카 해안 지배를 사실상 종식시켰다. 요새의 함락으로 오만 제국은 몸바사를 위시한 스와힐리 주요 해안 지역에 대한 지배권을 확립하였고, 해안을 따라 제국의 영향력과 인도양 무역망을 확장하였다. 이러한 세력 변화는 동아프리카에서 오만 제국의 문화적, 경제적 영향력이 커지는 데 기여했으며, 아라비아반도와 아프리카 대륙 간의 교역 증가를 가져왔다. 예수 요새는 스와힐리 해안 지역에서 제국의 권위를 상징하는 곳이 되었다.

스와힐리 해안을 점령하고 지배하는 과정에서 포르투갈이 마주했던 공급선 확장, 인도양 영토에서 증원군 유지의 어려움, 그리고 도시 국가 지배층과 주민의 저항 등은 다양하다. 대포가 설치된 대형 무장 함선, 강력한 방어에 효과적인 견고한 요새, 화기와 포병을 활용한 무기술, 보병대행과 포형의 전략적 활용, 그리고 지역 통치자 및 공동체와의 동맹 등의 이점에도 불구하고 포르투갈은 오만 제국의 지속적인 공격에 결국은 패배하고 만다. 몸바사의 예수 요새의 함락은 이 지역에서 포르투갈의 영향력이 대부분 사라졌음을 의미하였다.

1.2 스와힐리 해안에서의 충돌

스와힐리 해안 지역 대부분이 공식적으로 포르투갈의 지배하에 들어간 지 불과 수십 년 후인 1630년대에 이르러 포르투갈과 스와힐리 주민 사이의 갈등이 폭발하기 시작한다. 16세기 중반, 스와힐리 도시 국가들은 포르투갈의 지배에서 벗어나기 위해 떠오르는 오만 제국과 정치적 관계를 맺는다. 오만이 포르투갈의 스와힐리 영토를 공격하는 시기인 1652년, 잔지바르는 독립을 선언하기도 하였다. 물론 잔지바르는 1680년대에는 다시 오만에 대항하여 포르투갈과 동맹을 맺기도 한다. 또한, 잦은 반란으로 포르투갈의 통제를 조금씩 깎아내리던 펨바 역시 반란에 가담하여 요새를 공격하고 섬에 남아 있던 포르투갈 정착민들을 몰아내는 데 성공한다. 이들 지역 중에서 킬와의 게레사 요새 포위전을 기록한 포르투갈의 연대기 작가와 아랍 역사가들의 저술은 종종 킬와의 전략적 중요성, 포르투갈과 지역 스와힐리 국가들 사이의 갈등, 그리고 이후 섬과 그 무역로를 장악하려는 오만 아랍인들의 투쟁을 다른 지역, 잔지바르나 펨바에 비교해 보다 상세하게 묘사한 바 있다.

게레사 요새 포위전

킬와 키시와니는 포르투갈과 오만을 포함한 여러 강대국과 오랜 무역과 교류의 역사를 가진 중요한 스와힐리 도시 국가였다. 이 도시를 특별히 표적으로 삼은 포위 공격에 대한 자세한 기록은 몸바사의 예수 요새 포위전만큼 많지 않지만, 이 지역은 더 광범위한 갈등의 영향을 받았다.

게레사 요새 포위전은 1696년 오만 제국 군대가 요새를 성공적으로 점령하면서 마무리되었다. 동아프리카 해안의 지배권을 놓고 경쟁하던 오만 술탄국과 포르투갈 간의 더 광범위한 갈등의 한 축이었던 게레사 요새 포위전은 스와힐리 해안에서 포르투갈을 몰아내고 이 지역을 지배하게 되는 계기가 되었다. 킬와의 함락과 비슷한 시기에 전개된 다른 도시 국가 및 해안의 여러 주요 거점이 오만 제국에 의해 점령됨으로써 탄자니아와 스와힐리 해안 지역에 대한 오만 제국의 지배력이 강화되었다. 17세기 후반과 18세기 초, 오만은 현재 탄자니아에 속하는 펨바를 비롯한 다른 주요 지역에서 포르투갈을 성공적으로 몰아냈다.

이러한 세력 이동은 스와힐리 해안이 오만 제국의 영향권과 더 넓은 인도양 무역망에 더욱 통합되는 계기가 되었다. 오만의 스와힐리 해안 지역의 정복은 우월한 오만의 해군력과 해안 도시 지도자들과의 전

킬와 키시와니의 게레사 요새 위치[35]

략적 동맹, 그리고 포르투갈의 통치에 환멸을 느낀 지역 주민들의 지지를 바탕으로 이루어졌다. 오만인들은 포르투갈 통치에 대한 지역 주민들의 불만을 이용하여 더욱 유리한 무역 조건을 제시했

---

35) https://www.researchgate.net/figure/Map-of-Kilwa-archipelago
 -showing-Kilwa-and-Songo-Mnara_fig1_359570441

고, 이는 지역 주민들의 지지를 얻는 데 도움이 되었다. 오만인들은 지역 통치자들을 복위시키고 지역 경제와 정치 구조에 더 유리한 전통적인 무역망을 재건한다. 펨바와 잔지바르, 그리고 킬와 등의 주요 섬들은 오만의 광대한 무역 제국에 편입되었다.

1.3. 오만 제국의 초기 지배

오만 제국이 스와힐리 해안을 지배했을 때, 스와힐리 도시 국가의 정치적 자치권은 상당히 제한되었다. 비록 도시 국가의 통치와 문화 문제에 있어서 일정 수준의 내부적 자율권을 유지했지만, 스와힐리 도시 국가가 오만 제국의 속국이 되어 더 광범위한 정치, 경제 분야에서는 오만의 권한 남용과 통제를 받았다. 정치적으로 도시의 술탄이나 셰이크와 같은 통치자들은 일반적으로 오만 당국의 영향을 받거나 직접 임명되었다.

경제적으로는 오만은 스와힐리 도시 국가들의 생명선이었던 무역에 대해 상당한 지배력을 행사하며 주요 항구와 무역로를 관리하여 인도양을 가로지르는 오만 무역망에 통합하였다. 이로 인해 도시 국가의 경제적 자율성은 많은 부분에서 제한되었다. 또한, 오만 제국은 해안을 따라 전략적 위치에 군대를 주둔시켜 통제를 유지하고 잦은 저항을 진압하였다. 각 도시로의 군사력의 투사는 도시 국가의 정치적 독립성을 더욱 약화하게 되었다.

문화적 측면에서도 오만인들은 스와힐리인과 이슬람이라는 종교적, 문화적 유대감을 공유했지만, 큰 틀에서 오만 제국의 지배를 받는 이슬람 세계에 통합시켰다.

2. 스와힐리의 저항과 자유

오만인들은 포르투갈이 남긴 식민지 행정권을 장악하여 스와힐리 무역을 독점하고, 특히 포르투갈과 동맹을 맺었던 지역의 세력을 약화하려 했다. 이러한 정책은 스와힐리의 정치적 자치권과 상업적 자유를 제한하는 결과를 초래했고, 오만에 대한 스와힐리의 지지는 단기간에 크게 사그라들게 된다. 오만이 해안 지역을 장악한 지 10년도 채 되지 않은 18세기 초 일부 스와힐리 지역의 지배계층은 점령자인 오만인들에게 저항하기 위해 포르투갈과 동맹을 맺기도 하였다. 오만의 통치에 대한 저항은 지역 역학, 지역 정치, 경제 변화 등 여러 요인의 영향을 받았다.

첫째 요인은 지역 사회의 불만이다. 오만이 스와힐리 해안 지역을 통치함으로써 인도양 무역이 회복되었지만, 외국의 지배와 통치 체제의 변화로 인해 지역 사회의 불만은 남아 있었다. 이는 오만의 정책에 불만을 품거나 자치권을 되찾고자 하는 지역 지도자와 공동체의 저항으로 이어졌다. 둘째 요인은 스와힐리 해안 종족의 역학 관계이다. 각 부족과 씨족 지도자의 지도력과 이들 각자의 이해관계가 복잡하게 얽힌 스와힐리 해안의 정치적 지형은 지역 지도자들이 소외되거나 억압받는다고 느낄 경우, 내부적 경쟁과 동맹 관계로 오만에 대한 저항으로 분출되기도 하였다. 셋째 요인은 경제적 상황이다. 오만의 지배하에 무역 역학의 변화는 지역 경제에 영향을 미칠 수

밖에 없었다. 특정 집단이 오만의 통치로 인해 경제적으로 불리하다고 느꼈다면, 이는 저항 운동의 형태로 촉발되었다. 넷째 요인은 외부와의 동맹 및 지원이다. 다른 지역 강대국이나 내부 세력과의 동맹을 통해 오만을 향한 저항 의지가 강화되었다. 예를 들어, 지역 지도자들은 다른 스와힐리 도시 국가나 오만의 지배력을 약화하려는 외국 세력의 지원을 요청하였다.

일례로, 1699년 오만 제국이 킬와 키시와니를 포함한 스와힐리 해안에 대한 지배권을 확대하기 위한 일련의 군사 행동을 벌였을 때, 킬와 주민들은 게레사 요새와 같은 기존 구조물을 강화하고, 지역 민병대를 조직하고, 포위 공격을 견뎌낼 수 있는 보급로를 확보하려는 시도 등 보다 조직적인 움직임을 보인다. 물론 킬와의 저항은 오만에 의해 제압되었지만, 1708년 스와힐리인들에 의한 잔지바르, 킬와, 펨바에 주둔했던 오만 병사들을 향한 공격으로 이어졌다. 많은 식민지 및 점령지에서 흔히 볼 수 있듯이 오만의 권위에 대한 산발적인 반란은 외국 통치자를 몰아내고 지역 통치를 회복하려는 일반적인 대응이었다. 이처럼 오만이 킬와를 비롯한 스와힐리 해안의 다른 지역에 대한 지배권을 확립하는 데 성공했지만, 그들의 통치는 근본적인 지역 역학과 스와힐리인들의 자치권에 대한 열망으로 인해 계속 도전받았다.

18세기 후반까지 스와힐리 해안 지역의 정치 체제는 오만 제국과 유연한 정치적, 상업적 자치권을 유지하게 된다. 이 상황 속에서 일부 스와힐리 국가들은 모잠비크 섬 지역에 정착한 상인들에 대해 우호적 관계를 유지하며 무역을 계속했다.

3. 무스카트 술탄국 시기의 스와힐리

17세기 후반 동아프리카 해안 대부분에서 축출된 포르투갈을 대신하여 오만 제국은 스와힐리 해안 지역, 특히 인도양 무역과 행정의 중심지가 된 잔지바르에 대한 지배권을 확립할 수 있었다. 오만 제국은 탄자니아 해안 지역을 경제적, 정치적, 문화적 우선순위에 따라 선택적으로 영향력을 유지하고 확장하였다. 이러한 집중의 주요 이유는 다음과 같다.

3.1. 경제적 우선순위
스와힐리 해안은 인도양의 중요한 무역망의 일부였다. 잔지바르와 펨바와 같은 전략적 항구와 섬을 장악함으로써 오만은 향신료, 상아, 노예와 같은 수익성 높은 무역을 장악할 수 있었다. 특히 정향과 코코넛을 재배하는 농장을 조성하는 것은 경제적으로 유익했다. 잔지바르와 펨바의 비옥한 토지는 이러한 작물 재배에 이상적인 환경이었으며, 이는 주요 수출품이자 부의 원천이 되었다.

3.2. 정치적 우선순위
스와힐리 해안은 인도양 해상 교통로를 장악하는 전략적 요충지였기에 주요 항구와 도시에 집중함으로써 오만은 해상 지배력을 확보하고 유럽 식민 세력과 지역 경쟁자들로부터 무역로를 보호할 수 있었다. 지역 스와힐리 지도자들과 동맹을 맺고 행정 구조에 통합함으로써 정치적 안정을 유지하는 데 도움이 되었다. 이러한 접근 방식은 지역 주민들의 지지를 확보하고 저항을 최소화하여 통치방식을 더욱 효과적으로 만들게 된다.

3.3. 문화적 및 종교적 우선순위

무슬림인 오만 통치자들은 해안을 따라 이슬람 문화와 종교의 확산과 공고화를 최우선으로 생각했다. 이러한 문화적 영향은 이 지역을 공통된 종교적, 문화적 틀 아래 통합하는 데 기여했으며, 결과적으로 오만 통치자와 지역 주민 간의 유대감을 강화하게 된다. 이슬람 관습을 장려하고 일상생활에 접목함으로써 오만인들은 문화적 영향력을 강화하여 스와힐리 해안을 더 넓은 이슬람 세계와 더욱 긴밀하게 연결하는 지속적인 유산을 만들어냈다.

전반적으로, 이러한 전략적 지역에 집중함으로써 오만 제국은 경제적 이익을 극대화하고, 정치적 지배력을 확보하며, 이 지역을 문화적으로 통합하여 탄자니아 해안에 대한 영향력과 권력을 공고히 할 수 있었다. 이러한 전략적 접근을 통해 오만인들은 영토를 효과적으로 관리하고 이해관계 충돌 속에서도 이 지역에서 지배력을 유지할 수 있었다. 오만 제국 야루바 왕조의 이맘 중에서 가장 위대했던 사이프 빈 술탄 Saif bin Sultan(1692~1711 재위; 야루바 왕조의 네 번째 이맘)은 몸바사의 예수 요새를 포위하고 함락함으로써 스와힐리 해안의 지배력을 확립하였다. 포르투갈에 맞선 그의 성공적인 원정은 오만이 그 지역을 지배할 수 있는 토대를 마련해 주었고, 번영과 문화 교류가 이루어진 시대를 만들어냈으며, 이는 오래도록 계속되는 유산으로 남게 되었다.

몸바사 점령을 통해 포르투갈의 이 지역 지배를 끝내고 주요 해안 무역로에 대한 아랍의 지배를 공고히 하였다. 포르투갈의 지배를 제거함으로써 전통적인 인도양 무역망을 회복하고 강화하였다. 전략적 항구를 갖춘 스와힐리 해안은 아프리카, 중동, 인도 등을 연결하는 무역로의 중요한 부분이 되었으며 지역의 경제적 번영으로 이어졌다. 특히 향신료, 상아, 노예무역에서 이 지역의 역할을 강화했다.

1871년에서 1875년 사이에 그려진 Old Fort 모습[36]

포르투갈의 패배 이후, 오만 제국은 스와힐리 도시 국가들에 대한 정치적, 행정적 통제권을 확립했다. 지역 총독을 임명하고 이 지역을 더 넓은 오만 제국으로 통합하는 것이 포함되었으며, 이는 안정과 질서 유지에 기여했다. 사이프 빈 술탄 지배 하에서 아랍의 영향력이 재확립되면서 스와힐리 해안의 문화적, 종교적 경관이 형성되었다. 이슬람 문화와 관습의 통합이 더욱 두드러지면서 이 지역의 사회적, 문화적 발전에 영향을 미쳤다. 스와힐리 도시 국가와 오만은 둘 다 이슬람 사회였기 때문에 문화적, 종교적 유대감을 공유했다

---

36) https://afrolegends.com/2017/03/03/saving-zanzibars-history/

오만 제국의 영향은 해안 도시의 건축 양식과 도시 개발에서도 뚜렷하게 드러났다. 포르투갈이 건축한 잔지바르의 아랍 요새와 몸바사의 예수 요새가 개축되었고, 잔지바르에 있는 포르투갈의 예배당 자리에 은고메 콩웨 Ngome Kongwe 요새가 건설된다. 또한, 기존의 여러 모스크가 개조되거나 이슬람의 영향을 받아 건축되었다. 대표적으로 잔지바르에서 가장 오래된 말린디 모스크 Malindi Mosque는 포르투갈 시대를 거쳐 오만 통치 시대에 널리 퍼진 이슬람 건축 양식으로 개축되고 확장된 것이다. 스와힐리 해안을 따라 퍼진 이슬람의 영향은 산호석 사용과 정교한 목조 조각과 같은 오만의 건축적 영향을 전형적으로 보여주는 건축 방식에 잘 나타나 있다. 사이프 빈 술탄을 필두로 그의 후계자들은 스와힐리 해안에 지대한 영향을 미쳤으며, 해안의 문화, 경제, 사회에 지속적인 영향을 미쳤다.

4. 오만 제국의 수도 이전

4.1. 킬와의 함락과 잔지바르의 부상

스와힐리 해안의 지배 세력으로 자리매김한 오만 제국은 18세기 중반 알 부 사이디 왕조 Al Bu Said dynasty가 권력을 잡는다. 왕조를 개창한 아흐마드 빈 사이드 알부사이디의 뒤를 이은 사이드 빈 아흐마드 Said bin Ahmad(1783~1786 재위)는 1785년 지역 통치자들로부터 킬와를 탈환한다. 중세 시대부터 스와힐리 해안의 강력한 무역 중심지이자 동아프리카 해안의 전략적 요충지인 킬와의 점령은 해안 무역로에 대한 지배권을 강화하고 제국의 성장하는 상업 체계에 통합하려는 더 광범위한 전략의 일환이었다. 함락 이후 킬와는 동아프리카 해안을 따라 오만 제국의 영토로 다시 편입되었다. 그러나 오만의 통치하에서 잔지바르를 비롯한 다른 항구들이 더욱 주도권을 잡으면서 킬와의 위상은 시간이 지남에 따라 약화되고 스와힐리 해안의 중심지는 잔지바르로 옮기게 된다. 알 부 사이디 왕조가 스와힐리 해안 지역의 중심을 킬와에서 잔지바르로 옮긴 데에는 여러 전략적, 경제적, 지리적 요인이 있다.

첫째, 잔지바르는 인도양 해상 무역로를 장악하기에 유리한 위치에 있었다. 아프리카 대륙, 중동, 인도를 비롯한 여러 지역을 잇는 중심지라는 잔지자르의 지정학적 위치는 오만 제국이 무역망과 영향력을 확장하는 데 이상적인 거점이 되었다.

둘째, 잔지바르는 킬와보다 더 큰 경제적 잠재력을 제공했다. 비옥한 토지는 정향과 같은 향신료를 재배함에 있어 매우 적합했다. 그 결과 섬의 경제는 번영하여 당시 수익성이 높은 산업이었던 향신료 무역의 주요 중심지가 되었다.

셋째, 잔지바르는 무역 및 해운 활동을 촉진하는 데 유리한 천연 항구와 항만 시설을 갖추고 있었다. 이러한 특징들은 상인과 무역상들에게 더욱 매력적인 곳이 되었고, 상업 중심지로서의 위상을 더욱 강화했다.

넷째, 내부 갈등이 잦은 킬와와 달리 잔지바르는 비교적 안정적인 정치 환경을 갖춘 확고한 무역 중심지였다. 이러한 안정성 덕분에 오만은 세력을 강화하고 정착민과 무역상들을 유치하는 데 유리했다.

이러한 요인들의 결과로, 잔지바르는 스와힐리 해안의 주요 상업 및 통치 중심지로 떠올랐다. 오만은 잔지바르에 행정 중심지로 투자하여 궁궐, 모스크, 기타 기반 시설을 건설했다. 이러한 발전과 아랍 문화의 통합은 오만 통치하에서 잔지바르가 스와힐리 해안의 새로운 중심지로서의 위상을 더욱 공고히 했다. 알 부 사이디 왕조 시대에는 중요성과 영향력 면에서 킬와를 앞질렀다.

잔지바르의 간략한 역사

탄자니아의 자치 지역으로 웅구자섬과 펨바섬, 2개의 큰 섬과 기타 부속 도서로 이루어져 있으며 총면적은 서울특별시의 약 4배 크기인 2,461㎢이다. 아프리카의 나머지 지역과 구별되는 잔지바르는 스와힐리, 아랍, 페르시아, 오만, 포르투갈, 영국 등의 강력한 문화적, 인구학적 용광로이다. 잔지바르에 있는 스톤타운은 세계유산으로 지정되었으며, 육두구, 계피, 후추 등의 향신료 산지로 유명하다. 잔지바르는 현재도 드물게 향신료 섬 Spice islands으로 언급되기도 한다.

고고학적 증거에 따르면 잔지바르는 구석기 시대부터 사람이 살았지만, 지속적이지 않았을 것이라고 한다. 2005년 잔지바르 남동부에 있는 쿠움비 Kuumbi 동굴에서 진행된 발굴 조사에서 적어도 22,000년 전에 이곳에 사람이 살았다는 것을 보여주는 견고한 석기가 발견된다.

웅구자섬과 펨바섬의 최초 주민이 이 지역에 도착한 것은 기원전 3천년 경으로 이들은 아마도 가벼운 배를 타고 아프리카 대륙에서 온 해안 어부일 것으로 추정된다. 동아프리카에 부는 계절풍 덕분에 일찍부터 해안을 따라 무역로가 발달했다. 2세기 문서인 에리트레아 해의 페리플루스 에 따르면, 이러한 항로는 아랍과 인도 해안에서 온 해상 상인들이 이용했으며, 이들은 스와힐리어를 사용, 동아프리카와 아라비아 반도 남동부를 방문하여 무역에 종사했다. 그들은 노예, 금, 상아, 향신료 등 아프리카 대륙의 상품과 비단, 도자기 등 중국의 상품을 거래하였다. 아랍 문화는 이슬람화 이전에도 이 지역에 확립되었으며 반투어족을 중심으로 스와힐리 문화권이 형성되었다.

서기 1세기 초부터 아라비아, 주로 예멘과 이란의 페르시아만 지역, 특히 시라즈, 그리고 서인도에서 온 상인들이 잔지바르를 방문했을 것이며, 이슬람이 등장한 중세 시대에는 소말리아인들이 그 뒤를 따랐다. 그들은 계절풍을 이용하여 인도양을 건너 오늘날의 스톤타운이 있는 안전한 항구에 도착하였다. 이 섬들은 상인들이 관심을 가질 만한 자원이 거의 없었지만, 스와힐리 해안 도시들과 접촉하고 교역하기에 좋은 위치였다.

8세기에서 9세기 사이에 시라즈 술탄이 이끄는 페르시아 이민자들이 잔지바르에 정착한다. 전설에 따르면 그와 그의 여섯 아들은 젠지 Zenj를 건국하여 수 세기에 걸쳐 동아프리카 해안 일부 지역에서 페르시아-이슬람 경제 및 정치 강국을 확립했다고 이야기된다. 아프리카인, 페르시아인, 아랍인의 인구가 섞여 세 개의 민족 집단이 생겨났지만, 문화적, 사회적 차이가 나타났으며, 가장 고려되지 않은 인구는 가장 아프리카적 특성을 유지한 혼합되지 않은 토착인이었다.

11세기 후반이나 12세기 무렵, 잔지바르에 소수의 상인이 정착하기 시작하여 토착 아프리카인들과 혼인으로 섞이게 된다. 예멘인들은 웅구자섬 최남단 마을인 키짐카지 Kizimkazi 에 남반구 최초의 모스크를 건립했다. 미흐라브 Mihrab에 새겨진 쿠픽 문자에는 서기 500년, 즉 서기 1107년이라는 날짜가 적혀 있다.

11세기에 잔지바르에 정착한 오만인들이 쉬라지인들과 대립했는데, 이는 쉬라지인들이 그 지역에 계속 정착하는 것을 막지는 못했다. 무역으로 인해 부가 점점 더 늘어나면서, 13세기에 잔지바르에 최초의 석조 건물이 나타나 사치품이 축적되었다. 당시 잔지바르는 몸바사, 라무, 킬와 키시와니, 말린디와 같은 도시들과 함께 번영하는 술탄국이었으며, 이들은 아프리카 대륙과 아랍, 페르시아, 인도 간 무역의 중심지였다.

1499년 바스코 다 가마의 방문은 유럽의 영향력이 시작되었음을 알렸고, 1503년 또는 1504년, 루이 로렌수 라바스코 마르케스 Ruy Lourenço Ravasco Marques 선장이 상륙하여 술탄에게 평화의 대가로 조공을 요구하고 받으면서 잔지바르는 포르투갈 제국의 일부가 되었다. 이후 잔지바르는 거의 2세기 동안 포르투갈의 영토로 남게 된다.

그리고 1698년, 사이프 빈 술탄의 지휘 아래 오만군은 잔지바르에서 포르투갈군을 성공적으로 몰아내고 완전한 지배권을 확립했다. 수십 년 전 서인도 제도에 공급하기 위해 포르투갈인들이 시작한 수익성 좋은 노예무역과 상아 산업이 번창했으며, 정향을 중심으로 한 플랜테이션 시스템도 확대되었다. 훌륭한 항구로서 섬의 수도 역할을 한 스톤타운은 동아프리카에서 가장 크고 부유한 도시 중 하나가 되었다. 오만의 통치 아래, 가장 비옥한 땅은 모두 오만 귀족들에게 넘어갔고, 그들은 땅을 경작하는 농부들을 노예로 삼았다. 매년 수백 척의 다우선이 아라비아, 페르시아, 인도에서 인도양을 건너 북동쪽에서 불어오는 계절풍을 타고 철제품, 면직물, 설탕, 대추야자를 실어 왔다. 3월이나 4월에 몬순 바람이 남서쪽으로 바뀌면 상인들은 거북이 껍질, 나무 수액인 코팔 copal, 정향, 코코넛, 쌀, 상아, 노예로 가득 찬 배를 타고 떠났다.

오만인들은 잔지바르, 펨바, 킬와에 수비대를 주둔시켰다. 아랍 통치의 절정은 1840년에 수도를 오만의 무스카트에서 스톤타운으로 옮긴 사이드 빈 술탄 Said bin Sultan al-Busaid(1804~1856 재위)의 통치 기간에 이루어진다. 그는 지배적인 아랍 엘리트를 확립하고 섬의 노예 노동력을 사용하여 정향 농장의 개발을 장려했다. 잔지바르의 무역은 점점 더 인도 아시아 대륙 상인들의 손에 넘어갔고, 술탄은 그들이 섬에 정착하도록 장려했다. 전략적 경제적 이익과 군사적 능력에 의해 주도된 잔지바르의 오만 지배는 잔지바르 역사의 새로운 장이 시작되었음을 의미한다.

4.2. 무스카트에서 잔지바르로

17세기 후반과 18세기 초반 잔지바르에 대한 지배권을 확립한 오만 제국은 잔지바르를 무역과 정치 행정의 중요한 거점으로 확립한다. 18세기 말부터 몸바사 남부 지역의 주요 교역지로 자리 잡은 덕분에, 잔지바르는 곧 몸바사를 제치고 스와힐리 해안의 정치·사회·문화적 중심지로 부상하였다. 이 무렵 동아프리카 영토에서 얻는 수입이 오만에서 얻는 수입을 넘어섰

으므로, 술탄이 수도를 무스카트에서 잔지바르로 옮긴 것은 당연한 일이었다. 그리고 1840년 사이드 빈 술탄이 수도를 무스카트에서 잔지바르섬의 오늘날 스톤타운으로 옮기면서 잔지바르에 오만의 통치가 확립되었고, 이로써 오만 제국에서 잔지바르의 위상이 완성된다. 술탄 빈 사이드의 수도 이전은 몇 가지 핵심 단계를 포함하는 전략적이고 점진적인 과정을 거쳐 전개된다.

첫째, 술탄 빈 사이드는 수도를 이전하기 전에 이미 잔지바르의 경제적, 전략적 이점을 인지했다. 그는 잔지바르의 무역 잠재력, 특히 정향 무역 잠재력과 인도양에서의 전략적 위치를 평가했으며, 이는 동아프리카 해안과 더 넓은 무역로에 대한 자신의 영향력을 강화할 수 있다고 생각했다.

둘째, 수도 이전 전에 술탄은 잔지바르에 대한 오만의 지배력을 강화하기 위해 노력했다. 여기에는 잔지바르가 자신의 안정적인 거점이 될 수 있도록 강력한 행정 및 군사적 입지를 구축하는 것이 포함되었다. 또한 지역 지도자 및 상인들과의 관계를 강화하여 자신의 통치력을 공고히 했다.

셋째, 술탄은 수도 건설에 필요한 궁궐, 행정 건물, 요새 건설 등의 인프라 개발에 투자했다. 특히 항만 시설 개발은 증가하는 무역 및 행정 활동을 처리하는 데 필수적인 항만 시설 개발에 역점을 두었다.

넷째, 수도 이전으로 인한 충격을 최소화하기 위해 술탄 사이드는 잔지바르에서 더 많은 시간을 보내면서 사실상 활동의 중심지를 점진적으로 옮기는 전략을 사용했다. 이를 통해 무스카트에서 잔지바르로 행정 기능과 통치권을 원활하게 이전할 수 있었다.

다섯째, 새로운 수도를 지원하기 위해 술탄은 정향 농장 확장과 기타 경제 활동을 장려했다. 그는 상인과 무역상들에게 유리한 환경을 조성하여 무역을 장려했고, 이를 통해 섬의 경제 성장을 촉진했다.

여섯째, 1840년, 술탄 사이드는 잔지바르를 제국의 수도로 공식 선언하였다. 이는 수년간의 계획과 개발의 정점을 의미하며, 잔지바르가 오만 제국의 정치 및 경제 중심지로서의 위상을 공고히 함을 의미했다.

일곱째, 공식적인 수도 이전 후 잔지바르의 다양한 인구가 오만 지도부의 이익에 부합하도록 스와힐리 문화를 장려했다. 이 조치에는 잔지바르를 오만 제국의 문화적, 정치적 틀에 통합하는 것도 포함되었다.

이러한 과정과 전략을 거쳐 수도를 잔지바르로 이전함으로써 오만 제국은 이 지역에서 제국의 경제적 번영과 정치적 영향력을 강화했다. 특히 무스카트는 지역 경쟁국과 해적의 공격과 위협에 수없이 노출되었고, 이로 인해 잔지바르는 수도로서 더욱 안전한 장소가 되었다. 섬의 천연 항구와 방어 시설은 잠재적 침략자로부터 더 나은 방어력을 제공했기 때문이다. 1856년 사이드 빈 술탄이 사망했을 당시, 잔지바르는 동아프리카 해안의 중심지로 확고히 자리 잡았다.

5. 잔지바르 술탄국

1698년 몸바사의 예수 요새를 함락하여 스와힐리 해안에서 포르투갈을 물리친 오만의 이맘인 사이프 빈 술탄이 잔지바르를 오만 제국의 해외 영토로 편입한 이후, 정향과 코코넛 농장과 노예무역을 통해 발전하기 시작한 잔지바르는 무스카트-오만 술탄국의 사이드 빈 술탄에 의해 국가의 수도가 됨으로써 그 영화의 정점에 올랐다. 수도의 이전을 통해 얻어진 효과는 다음과 같다. 첫째, 잔지바르는 인도양 무역의 허브로 정향으로 대표되는 향신료와 노예무역의 중심지였다. 술탄은 수도를 잔지바르로 옮김으로써 결과적으로 유리한 산업의 중심에 서서 부와 영향력을 확대시킬 수 있었다. 둘째, 잔지바르의 전략적 위치는 동아프리카 해안과 더 넓은 인도양을 따라 무역 경로를 감독, 관리하고 통제하는 데 이상적이었다. 셋째, 동아프리카 해안에 대한 정치적, 군사적 통제를 강화함으로써 술탄국의 영향력을 보다 효과적으로 확대할 수 있었다. 넷째, 잔지바르의 비옥한 땅은 농업, 특히 정향 및 기타 향신료 재배에 이상적이었으며, 이는 술탄국의 상당한 수입원으로 작용했다. 다섯째, 잔지바르는 이미 아프리카, 아랍, 페르시아어 및 인도의 영향이 혼합된 국제 사회였다. 따라서 이러한 다문화 환경은 강력하고 국제적인 술탄국을 구축하려는 야망에 도움이 되었다. 사이드 빈 술탄의 잔지바르의 중요성에 대한 확신은 그가 1856년에 사망할 때까지 계속 강조되었다.

술탄의 사후에 발생한 왕위 계승 분쟁이라는 국내 상황과 국외와의 정치적 역학 관계로 인해 무스카트와 잔지바르라는 두 개의 독립된 지역으로 분열된다. 그 배경에는 몇 가지 요인이 작용하였다. 첫째, 술탄국이 설립되기 전에 잔지바르는 사이드 빈 술탄에 의해 무스카트 술탄국의 수도로 선정됨으로써 그 경제적, 전략적 중요성이 인정되었다. 둘째, 후계자를 지명하지 못한 채 사망한 술탄 아들들 사이에서 승계 분쟁이 발생하여 제국이 분열되었다. 셋째, 사이드 빈 술탄의 통치에서 잔지바르는 향신료와 노예무역을 통해 엄청난 번영을 이룩하며 독립 술탄국으로서의 가능성을 보여주었다. 넷째, 당시 주변 지역에 지배력을 행사하는 영국과 프랑스를 포함한 국가로부터 그 독립된 외교적 지위을 인정받았다. 다섯째, 잔지바르가 갖고 있는 다국적 사회라는 인구 통계학적 다양성과 문화 정체성이 무스카트 술탄국과의 차별성을 제시하였다. 잔지바르 술탄국(1856~1964)은 아라비아반도의 오만과 동아프리카의 잔지바르 및 그 종속국을 포함하는 광대한 영토를 통치했던 오만 제국의 분열에 따라 탄생한다.

5.1. 왕위 계승 분쟁

사이드 빈 술탄에게는 많은 아들이 있었지만, 가장 유력한 승계자는 투와이니 빈 사이드 Thuwaini bin Said (1821~1866)[37]와

---

[37] 무스카트와 오만의 술탄(1856~1866)이자 사이드 빈의 셋째 아들. 오만에서 태어나 잔지바르를 방문한 적이 없었음)

마지드 빈 사이드 Majid bin Said(1834~1870)[38]였다. 연장자였던 투와이니는 무스카트에서의 통치 경험을 이유로 전체 영토에 대한 지배권을 주장해다. 하지만 잔지바르에서 태어난 마지드는 잔지바르 군도와 그 속령에 대한 지배권을 확립하였다.

무스카트-오만 술탄국에 중요한 전략적, 상업적 이익을 가지고 있던 영국은 계승 분쟁을 중재하기 위해 술탄국을 두 개의 별도 국가로 분할하는 합의안을 제안한다. 이에 따라 투와이니 빈 사이드는 무스카트와 오만을, 마지드 빈 사이드는 잔지바르와 동아프리카 영토를 통치하게 되었다. 이러한 분열은 공식화되어 두 개의 별도 술탄국이 탄생하였다. 두 지역의 경제적, 정치적 우선순위는 이 분할을 용이하게 하였는데, 잔지바르가 정향과 노예무역을 중심으로 번영한 상업 중심지였다면, 무스카트와 오만은 농업과 해양 활동에 기반한 보다 전통적인 경제 구조를 가졌었다. 이 분할은 통일 오만 제국의 종말을 의미했으며, 오만과 잔지바르의 서로 다른 역사적 변화를 위한 토대로 작용하였다. 잔지바르는 여전히 중요한 무역 중심지로 계속 번영했고, 무스카트와 오만은 아라비아 반도에 대한 영향력을 유지하는 보다 전통적인 술탄국으로 남게 되었다.

5.2. 잔지바르의 위상 변화

1840년 잔지바르가 오만 제국의 수도로 자리잡은 이후, 이미 잔지바르는 동아프리카 영토의 정치적 중심지가 되었다. 술

---

38) 잔지바르와 동아프리카의 통치자, 1856~ 1840 재위

탄의 존재는 이 지역에 대한 보다 직접적인 통제와 통치를 가능하게 했고, 동아프리카 해안을 따라 오만의 영향력이 강화되었다. 잔지바르를 중심으로 한 경제 활동의 증가는 섬의 맞은편의 내륙 본토에 있는 마을들의 발전과 그 중요성을 강화하는 데 기여했다. 또한, 잔지바르는 이 지역의 무역과 전략적 중요성에 관심을 가진 영국, 프랑스, 독일, 미국 등 서양 열강과 외교 관계를 수립하였다.

1) 내륙 본토와의 관계

잔지바르가 오만 제국의 수도였던 시대에, 탄자니아 본토와의 관계는 무역, 정치적 영향력, 문화 교류 등 다면적이었다. 우선, 무역 측면에서 잔지바르는 교역의 주요 중심지였으며, 탄자니아 본토와 긴밀한 경제 관계를 유지했다. 본토는 상아, 금, 노예와 같은 상품을 공급했고, 이러한 상품들은 잔지바르를 통해 세계 다른 지역으로 수출되었다. 그 대가로 잔

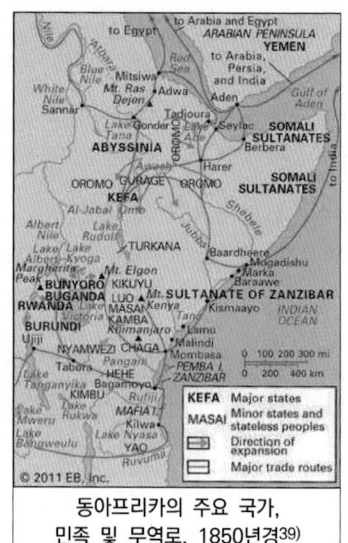

동아프리카의 주요 국가, 민족 및 무역로, 1850년경[39]

---

39) https://www.britannica.com/place/eastern-Africa/The-interior-before-the-colonial-era

지바르는 직물, 향신료, 기타 상품과 같은 인도양 무역 상품이 동아프리카 내륙 지역으로 향하는 통로 역할을 했다.

정치적 영향력 측면에서도 오만 제국은 탄자니아 본토 해안 지역에 상당한 정치적 영향력을 행사했다. 이러한 영향력은 조약, 지역 지도자들과의 동맹, 그리고 때로는 군대의 주둔을 통해 확립되었다. 섬이 아닌 킬와, 몸바사, 바가모요 Bagamoyo와 같은 내륙 해안 도시 국가와 마을들은 종종 잔지바르에 기반을 둔 오만 통치자들의 정치적 영향력 아래 있었다. 또한, 잔지바르와 본토의 관계는 활발한 문화 교류를 촉진했다. 아프리카, 아랍, 페르시아, 인도의 영향이 혼합된 스와힐리 문화는 이러한 상호 작용의 결과로 동아프리카 해안을 따라 번성했다. 이러한 문화적 통합은 언어, 건축, 요리, 그리고 사회 관습에서 분명히 드러난다. 그리고 동아프리카 해안을 따라 이슬람이 확산된 것은 잔지바르가 오만 제국의 수도였던 역할에 큰 영향을 받았다. 이슬람 문화와 종교는 잔지바르에서 전파되었고, 이는 이슬람이 본토의 주요 종교로 자리 잡는 데 기여한다.

이처럼 제국의 수도로서 잔지바르와 내륙과의 관계는 갈등과 협력의 양가적 측면을 모두 가졌다. 교역과 문화 차원에서 상당한 협력이 이루어졌지만, 정치적으로 특히 지역 지도자들이 오만의 지배에 저항하거나 영토 분쟁이 발생할 때 갈등이 발생하였다. 그러나 이러한 갈등은 오만 통치자들의 협상이나 군사 개입을 통해 해결되는 경우가 많았다. 오만 제국 시대 잔지바르와 탄자니아 본토의 관계는 전반적으로 무역, 정치적 통제, 그리고 문화 교류가 역동적으로 상호작용하는 양상을 보였으며, 이는 이 지역의 역사와 발전에 지속적인 영향을 미쳤다.

2) 외부 열강과의 관계

오만 제국의 수도였던 잔지바르와 서구 열강의 관계는 무역, 외교, 그리고 식민지 경쟁이 복잡하게 얽혀 있는 양상을 보였다. 동아프리카 지역, 특히 해안 지역에서 포르투갈의 영향력이 사라진 이후 미국, 영국, 프랑스, 독일 등은 잔지바르의 전략적 위치와 경제적 잠재력을 경쟁적으로 활용하고자 했다. 오만 제국의 수도였던 잔지바르는 경제적 이익, 전략적 고려, 그리고 식민지 야망을 중심으로 다양한 서구 열강과 다면적인 관계를 유지한다.

① 미국

1833년, 미국과 잔지바르를 포함한 무스카트 술탄국은 수호 통상 조약에 서명했다. 이 조약은 미국과 아랍 국가 간의 초기 협정 중 하나로, 미국의 외교 정책과 무역 전략에서 잔지바르의 중요성을 강조한 것이다. 오만 제국의 수도였던 당시, 잔지바르와 미국의 관계는 주로 무역과 외교 활동을 중심으로 이루어졌다. 미국은 1837년 아프리카 최초의 영사관 중 하나인 잔지바르 영사관을 설치하여 잔지바르와 외교 관계를 공식화한 최초의 국가 중 하나이다. 영사관은 외교 및 무역 관계를 촉진하고, 미국의 이익을 대변하며, 미국 상인과 현지 당국 간에 발생하는 문제를 해결했다.

양국의 외교 관계는 주로 정향을 포함한 향신료와 상아와 같은 상품에 대한 무역과 상업적 이익을 보호하고 증진시키는 조치였다. 미국 상인들은 이 지역에서 활발하게 활동했으며, 미국과 잔지바르 간의 무역은 양국 관계의 중요한 측면이었다. 이와 함께, 잔지바르에 미국 상인과 관리들이 주재하면서 문화 교류가 이루어졌다. 주로 무역에 초점을 맞추었지만, 이러한 상호작용은 두 지역 간의 상호 이해와 사상 및 관행 공유에 기여했다.

정향나무[40]

잔지바르에 대한 미국의 이해관계는 주로 경제적인 측면이었지만, 인도양 무역로를 따라 위치한 이 섬의 전략적 위치는 지정학적 이해관계의 영역이기도 했다. 이러한 전략적 측면은 외교 관계 유지와 미국의 무역로 접근 확보에 중요한 역할을 담당하였다. 전반적으로, 잔지바르가 오만 제국의 수도였던 당시 잔지바르와 미국의 관계는 상호 경제적 이해관계와 외교적 협력으로 특징지어졌으며, 무역이 두 지역의 주요 관심사였다.

② **영국**

잔지바르가 오만 제국의 수도였던 시기, 영국과 잔지바르의 관계는 복잡했고 오랜 세월에 걸쳐 크게 발전했다. 영국은

---

40) https://en.wikipedia.org/wiki/Clove

1839년에 무역 협정을 체결하고 1841년 잔지바르에 영사관을 설립한다. 영국은 노예무역을 통제하고 동아프리카에서 영향력을 확대하려는 의도를 가졌기 때문에 영국과의 관계는 매우 중요했다. 잔지바르의 전략적 위치는 영국 제국이 동아프리카에서 식민지 영향력을 확대하면서 중요한 관심 지역이 되었으며, 오만 술탄의 환심을 사기 위한 외교적 책략이 종종 수반되었다. 시간이 흐르면서 이러한 관계는 1890년 잔지바르에 대한 영국의 보호령으로 이어졌다.

영국은 잔지바르가 제공하는 무역로와 경제적 기회, 특히 정향과 같은 향신료와 상아, 노예와 같은 다른 상품에 깊은 관심을 가졌다. 잔지바르에서 영국의 주요 관심사 중 하나는 노예무역 폐지였다. 영국은 잔지바르 경제의 중요한 부분을 차지하는 노예무역을 억제하기 위해 오만 통치자들에게 외교적 압력을 가했다. 노예 무역을 제한하고 궁극적으로 종식시키기 위한 조약이 협상되었지만, 이를 실행하는 데는 어려움이 있었다. 잔지바르에 영국 관리와 무역상들이 주둔하면서 문화 및 사회적 교류가 활발해졌다. 영국의 영향력은 건축, 교육, 법률 시스템 등 잔지바르 사회의 다양한 측면에서 뚜렷하게 드러났으며, 이는 점차 영국 모델에 영향을 받게 된다.

전반적으로, 오만 제국의 수도였던 잔지바르와 영국의 관계는 경제적 이해관계, 정치적 권력 역학, 그리고 노예무역과 관련된 인도주의적 우려에 따라 협력과 긴장이 공존하는 양상을 보였다. 이러한 관계는 잔지바르의 역사적 발전 과정과 궁극적으로 영국의 보호령으로의 전환에 지대한 영향을 미쳤다.

③ **독일**

19세기 후반, 독일은 독일령 동아프리카인 현재의 탄자니아, 르완다, 부룬디가 될 아프리카 본토 영토에 초점을 맞춰 아프리카 식민지 영향력을 확대했다. 동아프리카에 대한 독일의 관심은 잔지바르와의 외교적 교류로 이어졌는데, 잔지바르의 전략적 위치는 독일이 본토에서의 식민 활동을 확보하고 지원하는 데 중요한 관심 지역이기 때문이었다. 잔지바르가 오만 제국의 수도였던 당시, 독일과의 관계는 독일의 동아프리카에 대한 식민 야망과 경제적 이익에 의해 형성되었다. 공식적인 외교 관계는 영국이나 미국과의 관계만큼 두드러지지는 않았지만, 이 지역에 대한 독일의 식민 야망이 커지면서 잔지바르와의 관계가 더욱 확대되었다.

1873년 독일은 무스카트-오만 술탄국과 조약을 체결하고 잔지바르에 영사관을 설치했다. 이러한 협정은 다른 식민 세력, 특히 영국과의 이해관계 충돌로 인해 복잡한 협상을 수반하는 경우가 많았다. 독일과 다른 유럽 강대국, 특히 영국 간의 경쟁은 때때로 긴장을 야기했다. 그러나 일반적으로 외교 협상을 통해 이러한 갈등을 해결하고, 식민지 경계와 지역 내 영향력을 규정하는 협정으로 이어졌다.

다른 유럽 열강들과 마찬가지로 독일은 잔지바르가 제공하는 경제적 기회, 특히 향신료 무역과 기타 귀중한 상품에 관심을 가졌으며, 독일 상인과 무역상들은 이 지역에서 활발하게 활동하며 이러한 기회를 활용하고자 했다. 전반적으로, 오만 제국의 수도였던 잔지바르와 독일의 관계는 경제적 이익과 식민지 역학 관계를 특징으로 했으며, 독일은 무역과 외교적 교류를 통해 동아프리카에서 영향력을 확대하고자 했다.

④ 프랑스

1884년 프랑스는 자국의 이익을 보호하고 증진하기 위해 무스카트-오만 술탄국과 조약을 체결하고 잔지바르에 영사관을 설치했다. 다른 유럽 국가들과 마찬가지로 프랑스는 잔지바르가 제공하는 수익성 있는 무역 기회 획득과 무역망 확장을 통해 이 지역에 영향력을 행사하기 위함이었다. 프랑스는 특히 이 지역에서 영국의 영향력을 견제하는 데 관심을 가졌는데, 양국 모두 무역로와 식민지 지배권을 놓고 경쟁하고 있었기 때문이다. 잔지바르에서 다른 유럽 강대국들과 복잡한 외교 및 경쟁 관계를 유지했던 프랑스의 이해관계는 인도양과 동아프리카에서 영향력을 확대하려는 프랑스의 광범위한 전략의 일부이기도 했다. 이러한 외교 관계 수립은 무역 관계를 원활하게 하고 잔지바르 술탄과 조약 및 협정을 협상할 수 있는 발판을 마련했다.

잔지바르에 프랑스 상인과 관리들이 주둔하면서 문화적 교류가 이루어졌고, 이는 섬의 다문화적 구조 형성에 기여했다. 프랑스의 영향력은 잔지바르 사회의 일부 측면에서 분명하게 드러났지만, 영국의 영향력에 비하면 그 정도가 덜했다. 전반적으로, 오만 제국의 수도였던 잔지바르와 프랑스의 관계는 동아프리카와 인도양에서 유럽의 식민지 경쟁이라는 맥락 속에서 경제적 교류와 외교적 노력을 통해 특징지어졌다.

6. 잔지바르 지역의 변화

 탄자니아, 특히 잔지바르와 해안 본토 일부 지역에 미치는 오만의 영향력은 수 세기에 걸친 상호작용의 결과로 정치, 경제, 사회, 문화, 종교 등 다양한 측면의 변화를 가져왔다. 특히 제국의 수도를 무스카트에서 잔지바르로 옮긴 이후 더욱 그러했다. 이러한 영향력의 주요 측면은 다음과 같다.

6.1. 정치적 유산
1) 중앙집권적 술탄국의 건국
 알 부 사이드 왕조의 통치 아래 오만 제국은 19세기에 잔지바르에 술탄국을 건국했다. 이는 술탄을 정점으로 권력의 집중을 가져왔다. 술탄은 지역 주지사와 원로들의 도움을 받아 통치했는데, 이들 중 다수는 오만계였다. 이 체제는 중앙집권적 관료주의 통치 모델의 토대를 마련했고, 이후 탄자니아의 정치 변화에 영향을 미쳤다.

2) 이슬람 법체계
 오만 술탄국의 잔지바르 통치는 이슬람과 오만의 법에 영향을 받은 통치 체제와 법률 체계의 유산을 확립했다. 샤리아 Sharia라는 이슬람 율법과 규범 체계의 도입은 잔지바르 법체계의 필수적인 부분이 되었고 지속적인 영향을 미쳤다. 샤리아는 지역 관습법과 함께 사용되어 사법 제도와 통치방식에 영향을 주게 된다. 잔지바르의 법체계는 이슬람 법학의 요소를 통합하여 지역 통치와 사회 규범에 적용되었다.

6.2. 경제적 유산
1) 경제의 지배력
역사적으로 오만의 통치는 잔지바르를 중요한 무역 중심지로 발전시켜 인도양 경제권과 연결하게 된다. 이러한 경제적 통합은 잔지바르를 다른 지역 강대국 및 무역망과 연계시킴으로써 창출된 부를 통해 술탄국의 정치적 권력을 강화하고, 이 지역에 대한 지배력을 유지할 수 있도록 했다.

2) 무역의 강화
오만의 통치 아래 잔지바르는 향신료와 노예무역의 중심지가 되었다. 오만인들이 세운 정향 농장은 잔지바르에게 '향신료 섬'이라는 유명세까지 안기며 주요 수출품으로 부상하였다. 또한, 세계 최대 규모의 노예 시장 중 하나로 평가받았던 잔지바르의 노예무역은 사회·경제적으로 지대한 영향을 끼쳐 오늘날까지도 이 지역의 문화적·인구학적 지형에 남아 있다.

아랍-스와힐리 노예상인과 그들의 포로들

6.3. 사회적 유산
1) 사회의 계층화
오만의 통치는 사회 계층화를 촉진했으며, 아랍인들은 지역 아프리카 인구에 비교해 사회적, 정치적으로 더 높은 지위를 차지하는 경우가 많았다. 최상위에는 술탄과 그의 관리들을 포함한 아랍 엘리트층이 있었고, 그 아래로는 스와힐리어를 사용하는 해안 상인들과 지역 아프리카 주민들이 있었다. 이러한 계층화는 권력과 부의 불균형에 기반한 사회적, 정치적 불안의 토대를 마련함으로써 잦은 저항과 반란 그리고 20세기의 혁명과 독립운동으로 이어졌다. 술탄국을 전복한 이 혁명은 부분적으로 아랍의 영향력이 지배적인 것으로 인식되는 것에 대한 반발이었으며, 오만 시대에 뿌리내린 역사적 불만을 해소하는 것이었다.

2) 도시의 발전
스와힐리의 도시와 도시 중심지의 개발, 특히 잔지바르의 스톤타운은 오만의 지배 아래 번영했다. 이 도시들은 다양한 문화와 민족이 융합하는 용광로가 되어 활기찬 사회생활을 조성했다. 시장, 모스크, 그리고 광장은 사회적 교류와 공동체 생활의 중심지가 되어 역동적인 도시 문화에 기여한 것이다.

3) 통혼과 민족 다양성
아랍인과 지역 아프리카인 간의 통혼은 더욱 다양한 종족을 탄생시켰다. 이러한 결합은 아프리카와 아랍 혈통이 혼합된 스와힐리족의 발전에 기여했으며, 문화적 분열을 해소하는 데 크게 도움이 되었다. 오만인들이 도입한 사회적 규범과 관습은 특히 도시와 해안 지역의 성 역할에도 영향을 미쳤다. 예를 들어, 이슬람 관습은 여성의 사회 역할과 권리에 영향을 미쳐 결혼, 상속, 가족생활과 같은 측면에 영향을 가져왔다.

6.4. 문화적 유산
1) 언어와 문자
오만의 존재는 중요한 문화 교류로 이어져 아프리카, 아랍, 페르시아, 인도의 영향이 혼합된 스와힐리 문화의 발전에 기여했다. 많은 스와힐리어 단어가 아랍어에서 유래했으며 아랍어의 영향을 크게 받은 스와힐리어는 이 지역의 공용어가 되었으며 오늘날까지도 그 자리를 지키고 있다. 문자는 라틴 문자가 채택된 식민지 시대까지 원래 아랍 문자로 쓰였다.

2) 건축
오만의 건축 양식은 잔지바르를 비롯한 해안 도시의 건축 환경에 지속적인 영향을 미쳤다. 잔지바르 시의 역사적인 중심지인 스톤타운은 정교하게 조각된 나무문, 넓은 베란다, 산호석 건물이 특징인 독특한 아랍풍 건축 양식으로 유명하다. 이러한 건축 양식은 오만인들이 이 지역에 가져온 아랍, 페르시아, 인도, 유럽의 영향이 융합된 모습을 보여준다.

3) 요리

 오만 제국은 동아프리카에 새로운 요리 전통과 식재료를 도입하여 지역 요리를 더욱 풍부하게 만들었다. 오만 시대에 도입된 정향과 같은 향신료는 스와힐리 요리에 필수적인 요소가 되었다. 아랍과 아프리카 요리 전통의 융합은 탄자니아 해안 요리에서 인기 있는 필라우 pilau와 비리야니 biryani와 같은 요리에서 잘 드러난다.

4) 음악과 춤

 스와힐리 해안의 음악과 춤 전통은 아프리카, 아랍, 인도의 영향이 혼합되어 형성되다. 아랍의 멜로디에 스와힐리 가사, 그리고 아프리카 리듬이 결합한 타랍 Taarab 음악은 잔지바르의 두드러진 문화적 표현이다. 이 장르는 오만 시대에 이루어진 문화적 통합을 잘 보여준다.

5) 축제와 기념일

 종교적 금식 기간인 라마단이 끝났음을 축하하는 무슬림의 휴일인 이드 알 피트르 Eid al-Fitr와 이슬람력 12월 10일에 열리는 제물을 바치는 축제인 이드 알 아드하 Eid al-Adha와 같은 이슬람 축제는 탄자니아, 특히 해안 지역에서 광범위하게 받아들인 행사이다. 오만 통치 시대에 도입되고 대중화된 이러한 축제는 문화 일정의 중요한 부분을 차지하며, 공동 기도, 잔치, 그리고 사교 모임으로 연결된다.

 잔지바르 술탄국은 다양한 문화가 뒤섞인 용광로였으며, 세계 각지에서 온 상인과 정착민들을 끌어들였다. 이러한 다양성은 잔지바르의 문화적 태피스트리를 풍부하게 만들었다.

6.5. 종교적 유산
1) 이슬람의 확산
이슬람은 잔지바르의 주요 종교이며 탄자니아 해안을 따라 이 지역의 문화 관습, 축제, 일상생활에서 상당한 영향력을 행사했다. 오만 술탄국은 이 지역의 이슬람 전파에 중요한 역할을 했다. 오만 제국의 종교적 유산은 이슬람의 확산과 정착, 특히 잔지바르와 같은 해안 지역과 섬 지역을 중심으로 두드러지게 나타난다. 오만 제국은 동아프리카 해안을 따라 이슬람이 확산하는 데 중요한 역할을 했다. 이슬람은 아랍 상인들을 통해 이 지역에 더 일찍 전파되었지만, 오만의 영향력은 이슬람의 존재감을 크게 강화한 것이다.

2) 모스크 건설
오만의 통치 시기 수많은 모스크가 건설되어 종교 및 지역사회의 중심지 역할을 하였다. 이러한 모스크는 이슬람 예배와 교육의 중심지가 되었으며, 이 지역의 이슬람 관습과 신앙을 확고히 하는 데 기여했다. 이러한 역사적인 모스크 중 다수는 오늘날에도 여전히 건재하며 중요한 문화적, 종교적 랜드마크 역할을 하고 있다.

전반적으로, 탄자니아에서 오만의 영향력은 아랍 세계와 동아프리카 해안 지역 간의 오랜 역사적 유대를 말해주며, 오늘날에도 이 지역을 형성하는 풍부한 문화적, 역사적 상호 연결 고리를 형성하고 있다. 더불어 잔지바르 지역을 포함한 탄자니아의 역사에서 오만 제국은 더 넓은 역사적, 문화적 발전을 이해하고 국가로서의 정체성과 진화를 형성하는 데 기여하였다.

제6장 독일의 식민 지배

19세기 후반, 유럽 열강들은 아프리카로 급속히 영토를 확장하고 있었다. 아프리카 쟁탈전으로도 불리는 이 시기의 확장은 새로운 시장, 원자재 확보, 그리고 전략적 우위를 확보하려는 열망에서 비롯되었다. 독일 총리 오토 폰 비스마르크 Otto von Bismarck(1815~1898; 프로이센 왕국 총리)가 1884년부터 1885년까지 개최한 베를린 회의는 아프리카를 식민지로 분할하는 문제를 논의하고 공식화하기 위한 유럽 열강들의 회의였다.

영국, 프랑스, 독일, 포르투갈, 벨기에, 이탈리아, 스페인 등 주요 강대국을 포함한 14개국 대표들과 몇몇 아프리카의 초대자들이 참석한 이 회의에서 아프리카 영토를 둘러싼 유럽 국가들 간의 갈등을 방지하고 식민지화에 대한 규제된 틀이 어느 정도 확립된다. 이 회의는 아프리카 분할을 가속화했고, 그 결과 이후 수십 년 동안 유럽의 식민지화가 더욱 확대되

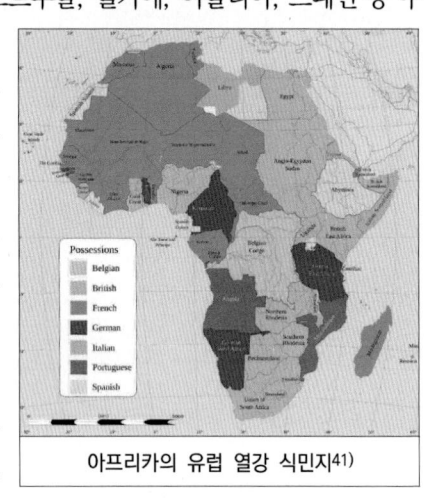

아프리카의 유럽 열강 식민지[41]

---

41) https://en.wikipedia.org/wiki/Scramble_for_Africa#/media/File:Africa_map_1914.svg

는 결과로 이어졌다.

20세기 초에는 에티오피아와 라이베리아와 같은 소수의 예외를 제외하고는 거의 모든 아프리카 대륙이 유럽의 지배하에 놓이고 만다. 이 시기에 설정된 인위적인 국경과 식민지 정책은 기존의 민족적, 문화적, 정치적 분열을 무시하는 경우가 많았으며, 이는 식민지 이후 아프리카에 갈등과 정치적 불안정을 포함한 장기적인 과제로 이어졌다.

탕가니카를 포함한 르완다, 부룬디 등의 3개 지역을 포함한 독일령 동아프리카 식민지에 대한 독일의 지배는 1880년대부터 시작되었다. 베를린 회의의 결과에 힘입은 독일의 동아프리카에 대한 관심은 1884년 3월 28일, 독일인 사업가인 카를 페터스 Carl Peters(1856~1918; 독일의 탐험가이자 식민지 행정관)의 독일 식민 협회 German Colonial Society로 구체화된다. 이후 1885년 4월 2일, 독일 식민 협회는 독일령 동아프리카 회사 German East Africa Company로 명칭을 바꾸면서 동아프리카에 대한 독일 제국의 확장이 본격적으로 출발한다. 동아프리카 식

1895년경의 카를 페터스[42]

---

42) https://en.wikipedia.org/wiki/Carl_Peters

민지를 확장하기 시작했던 독일 제국은 1886년에 아프리카에서 세력을 확장하던 영국과 충돌하여, 양국의 합의로 동아프리카 국경선을 확정한다. 그 면적이 994,996 km^{2}으로서 오늘날 독일의 3배 크기에 가까운 이 영토는 제1차 세계 대전 후 영국과 벨기에에게 점령, 분할된 후 위임통치령이 되었다.

1. 독일 제국의 식민 지배 수립

독일 제국의 탄자니아 식민 통치는 탐험, 조약, 그리고 군사력을 통해 시작되어 결국 독일령 동아프리카의 수립으로 이어진다. 19세기 후반, 탐험과 새로운 영토에 대한 열망으로 인해 유럽의 아프리카를 향한 관심이 증가했다. 칼 페터스와 같은 독일 탐험가와 무역상들은 이 지역의 지역 지도자들과 초기 접촉을 구축하는 데 중요한 역할을 하였다.

1) 독일 식민 협회 구성

이 단체는 1887년 12월 19일 독일 식민지 확장을 촉진하고 아프리카를 비롯한 세계 여러 지역에서 독일 제국의 이익을 장려하기 위해 베를린에 설립된 조직이었다. 이 협회는 1882년 프랑크푸르트에서 설립한 독일 식민 협회와 1884년 설립한 독일 식민지화 협회 German Colonial Association의 합병을 통해 조직되었다. 이 협회의 주요 목적은 독일의 식민지 확장을 옹호하고 지원하는 동시에 식민지 사업에 대한 대중의 관심과 투자를 촉진하는 것이었다.

2) 조약 체결

독일 식민지화 협회를 대표하는 카를 페터스는 19세기 후반 동아프리카를 여행한 탐험가이자 식민지 개척가였다. 그는 현재 탄자니아에 속하는 본토 지역을 탐험하면서 독일의 영토와 영향력을 확보하기 위해 종종 교묘하고 강압적인 수단을 동원하여 여러 지역 족장들과 조약을 체결하였다. 이러한 조약은 대개 독일어로 작성되었기 때문에 족장들이 그 의미를 제대로 이해하지 못하는 등 모호한 상황에서 체결되는 경우가 많았다.

3) 제국의 지원과 제국 헌장 수여

동아프리카에서의 페터스의 활동을 주목한 독일 황제 빌헬름 1세 Wilhelm I(1797~1888; 프로이센의 국왕(1861~1888 재위)이자, 독일 제국의 초대 황제)는 1885년 독일 식민화 협회에 제국 헌장 Imperial Charter을 수여하면서 그 활동을 공식적으로 인정하고 지원하였다. 이는 독일 제국의 식민지 건설 정책을 뒷받침하기 위한 노력의 일환이었다. 제국 헌장은 탄자니아에 대한 독일 식민 통치의 수립을 촉진한 중요한 문서였으며, 독일 식민화 협회가 독일 제국의 후원 아래 식민 당국으로서 활동하는 데 필요한 법적, 정치적 틀을 제공했다.

4) 독일령 동아프리카 설립

페터스가 협상한 조약과 협정들은 독일령 동아프리카를 정식 식민지로 설립하는 토대를 마련했다. 그의 활동은 유럽 제국주의 확장기에 독일의 영토 주장을 확보하는 데 중요한 역할을 했다. 독일 제국이 독일 식민화 협회에 제국 헌장을 수여함으로써 독일령 동아프리카의 실체가 구현된 것이다.

5) 국제 협정 조인

아프리카에서의 유럽 식민지화와 무역을 규제하기 위해 소집된 베를린 회의는 독일의 영토 주장을 정당화하는 데 중요한 역할을 했다. 이 회의는 유럽 열강들이 아프리카를 공식적으로 분할하는 계기가 되었고, 독일은 동아프리카 일부 지역에 대한 영유권을 인정받았다.

6) 통치권 확립

초기 조약과 협정 이후, 영토에 대한 효과적인 통제권을 확립하기 위한 노력이 이어졌다. 여기에는 행정 구조를 수립하고 군대를 배치하여 저항을 진압하고 독일의 권위를 강화하는 것이 포함되었다.

7) 군사적 대립의 승리와 공식 식민지화

독일 제국이 탄자니아의 실효적 지배 과정에서 발생한 지역 주민들의 저항은 군사력으로 대응되었다. 독일 식민군인 슈츠트루페 Schutztruppe는 반란을 진압하고 독일의 지배를 공고히 하였다. 1880년대 후반과 1890년대 초, 독일은 공식적으로 독일령 동아프리카라고 명명된 이 지역에 대한 확고한 지배권을 확립했다.

2. 독일 제국의 탄자니아 식민정책

탄자니아를 지배하였던 독일 제국의 식민 정책은 몇 가지로 특징지어진다. 이러한 정책은 탄자니아를 원자재 공급처로 세계 경제에 통합하고 이 지역에서 독일의 지정학적 이익을 확보하기 위한 더 광범위한 전략의 일부였다.

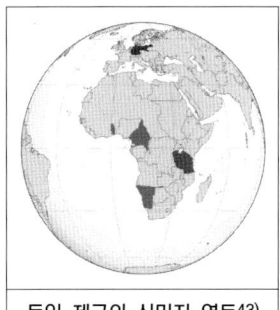

독일 제국의 식민지 영토[43]

2.1. 경제적 측면

식민 정책의 주된 목표는 이 지역의 경제적 착취를 통한 독일의 경제적 이익 추구였다. 지역 주민을 희생시켜 식민지 권력의 이익을 추구하는 이러한 정책은 중대한 사회·경제적 변화를 불러온다. 그중 상당수는 식민 통치가 끝난 후에도 지속적인 영향을 주게된다.

2.2. 통치와 행정

탄자니아에 대한 독일 제국의 식민 행정은 지배력 유지, 자원 착취, 식민지 통합을 위해 직접적 방법과 간접적 방법을 혼합하여 실행되었다. 이러한 이중적 접근 방식 덕분에 독일은

---

43) https://ko.wikipedia.org/wiki/%EB%8F%85%EC%9D%BC%EB%A0%B9_%EB%8F%99%EC%95%84%ED%94%84%EB%A6%AC%EC%B9%B4

기존 사회 구조를 활용하면서 새로운 식민 질서를 강요함으로써 상대적으로 적은 수의 본토 파견 행정관으로 식민 영토를 관리할 수 있었다. 초기에 독일은 기존의 지역 권력 구조를 통해 간접 통치를 시도했으나 지역 사회의 저항과 복잡성으로 인해 독일은 좀더 직접적인 행정으로 전환하여 주요 직책에 독일 관리들을 임명하고 지역 거버넌스 구조를 재편했다.

1) 직접 통치

우선 독일은 수도 다르에스살람에 본부를 둔 최고위직 총독을 중심으로 하는 중앙집권적 행정 체계를 구축했다. 총독은 베를린에서 발의된 정책을 집행할 책임을 맡았고 식민지 행정에 상당한 권한을 행사하였다. 다음으로 식민지 정부의 행정은 위계적 관료 구조가 특징이었다. 군사적 배경을 가진 독일 관리들이 식민지 정책을 집행하고 질서를 유지하기 위해 주요 직책에 임명되는 경우가 많았다. 그리고 식민 행정부의 군사력은 슈츠트루페가 담당했다. 19세기 후반부터 1918년까지 독일 식민 제국의 아프리카에 주둔했던 식민지 군대인 이들은 통제력을 유지하고 저항을 진압하기 위해 배치되었다. 이 부대는 특히 독일의 권위에 대한 저항이 강한 지역에서 직접 통치를 시행하는 데 중요한 역할을 하였다. 끝으로 독일은 유럽 법률에 기반한 법률 제도를 식민 통치에 도입했다. 토착민의 법체계는 자주 무시되었고, 식민 법원은 독일 법률을 집행하고 분쟁을 해결하는 데 이용되었으며, 이는 식민지의 이익을 위한 것이었다.

2) 간접 통치

우선 직접적인 통치가 시행되기 어려운 일부 지역에서 식민 행정부는 기존의 지역 지도부 구조를 활용하여 간접 통치 시스템을 도입했다. 독일은 지역 족장과 지도자들을 포섭하여 식민 정부를 대신하여 통치하게 했다. 다음으로 독일인들은 지역 지도자를 활용했지만, 자신들의 필요에 맞게 전통적 구조를 수정했다. 족장은 식민지 행정과의 협력 의지에 따라 임명되거나 해임되었다. 그리고 지역 지도자들은 종종 토착민으로부터 세금을 징수하는 데 활용되었다. 이는 행정 비용을 줄이고 기존 권위 시스템을 활용하기 위한 전략적 조치였다. 끝으로 지역 지도자들이 행정에 활용되었지만, 그들의 자치권은 심각하게 제한되었다. 그들은 독일 관리들의 엄격한 감독 하에 운영되었으며, 노동력 모집 및 세금 징수를 포함한 식민 정책을 집행할 것을 요구받았다.

2.3. 문화 동화 및 교육

독일 식민 정책은 문화적 측면도 포함했는데, 지역 주민들을 독일식 생활 방식에 동화시키는 것을 목표로 했다. 독일어와 독일어 문화에 중점을 둔 기초 교육을 제공하기 위해 선교사 학교가 설립되었지만, 이는 그 범위가 제한적이었고 주로 식민지 이익에 기여할 수 있는 노동력 양성을 목표로 했다.

2.4. 군사 주둔 및 탄압

독일은 저항을 진압하고 통제권을 유지하기 위해 강력한 군사력을 유지하며 주둔시켰다. 여기에는 지역 봉기와 반란에 대한 일련의 군사 작전이 포함되었으며, 이 반란은 잔혹하게 진압되었다.

3. 탄자니아 내륙의 식민 통치

독일령 동아프리카 식민지의 일부인 탄자니아 내륙 지역에 대한 독일의 식민 통치는 해안 지역보다 통치하기 어려운 내륙 지역에 대한 통제권을 확립하려는 노력을 수반했다. 여기에는 전략적, 경제적 요인이 작용하였다. 이 요인들은 자원 채굴, 영토 확장, 해안 지역과의 경제 통합, 인구 통제 등이다. 탄자니아 내륙은 농업에 적합한 비옥한 토지를 포함한 천연자원이 풍부했다. 환금 작물 농업에 관심을 가졌던 독일에게는 내륙의 넓은 토지가 필요했다. 내륙 지역을 장악함으로써 독일은 식민지 영토를 확장하고 동아프리카에 대한 영향력을 강화할 수 있기를 원했다. 또한, 내륙 지역에 대한 통제권을 확립함으로써 해안 지역까지 이르는 무역로를 확보하고 다른 식민지 열강이 내륙에서 자국 영토를 침범하는 것을 막을 수 있었다.

내륙 지역으로의 지배력을 확대함으로써 더 많은 노동력을 확보할 수 있었다. 해안 지역이 무역과 인도양 진출에 중요한 역할을 했다면, 내륙 지역은 경제적 착취와 영토 확장의 중요한 기회를 제공했으며, 이는 독일의 탄자니아 식민 야망의 핵심 동력이었다. 19세기 후반 독일령 동아프리카 회사가 탕가니카의 식민지화를 진행했지만, 영토 관리의 어려움으로 인해 1891년에 독일 제국이 직접 통치권을 장악한다. 식민 행정부는 군사, 행정, 경제, 사회 등의 영역에서 복합적으로 전개된다.

3.1. 군사적 정복 및 진압

독일 식민 행정부는 독일령 동아프리카의 일부였던 탄자니아 내륙에 대한 통제권을 확립하고 유지하기 위해 다양한 군사 조치를 취한다. 이러한 군사 행동은 지역 주민들의 저항을 극복하고 이 지역에서 독일의 지배력을 확보하는 데 결정적인 역할을 한다. 결과적으로 군사적 조치는 탄자니아 내륙에서 독일 식민 통치를 확립하고 유지하는 데 핵심적인 역할을 했으며, 이를 통해 이 지역의 자원을 착취하고 독일 식민 제국에 편입될 수 있었다. 취해진 군사 조치의 세부 내용은 다음과 같다.

3.2. 중앙 집권적 행정

독일 식민 행정부는 현재 탄자니아 내륙 지역에 식민지 통치를 확립하고 공고히 하기 위해 여러 행정 조치를 시행했다. 이러한 조치는 독일의 지배를 확립하는 동시에 지역 사회와 경제에 심각한 혼란을 초래하여, 독일의 억압적인 정책과 착취에 맞선 대규모 저항과 봉기를 촉발했다.

3.3. 경제적 착취와 개발

독일 식민 행정부는 탄자니아 내륙 지역에 식민지 통치를 확립하고 공고히 하기 위해 여러 경제 조치를 시행하였다. 이러한 경제적 조치는 독일 제국의 이익을 위해 식민지의 경제적 산출을 극대화하기 위해 고안된 것이다. 결과적으로 이 조치들은 종종 토착민들에게 심각한 사회적, 경제적 혼란을 초래하여 식민지 행정부에 대한 긴장과 저항을 심화시키게 되었다.

사이잘삼 공장, 약 1906[44]

3.4. 사회문화적 지배

독일 식민 행정부는 식민 통치를 확립하고 공고히 하기 위해 다양한 사회·문화적 조치를 시행했다. 이러한 조치는 지역 사회를 식민지 모델에 더 잘 부합되도록 재편하고 주민 통제를 강화함으로써 독일의 지배를 확립하기 위한 것이었다. 이러한 사건들은 종종 전통적인 삶의 방식을 심각하게 붕괴시켰고, 토착민들 사이에 저항과 봉기를 유발시켰다.

---

44) https://ko.wikipedia.org/wiki/%EB%8F%85%EC%9D%BC%EB%A0%B9_%EB%8F%99%EC%95%84%ED%94%84%EB%A6%AC%EC%B9%B4

4. 탄자니아 해안 지역의 식민 통치

독일의 탄자니아 해안 식민지화는 조약, 군사력, 그리고 행정 조치들이 복합적으로 결합된 전략적 과정으로 진행되었다. 이는 탄자니아 내륙과 마찬가지로 독일의 탄자니아 해안

잔지바르의 술탄 왕궁45)

식민지화는 전략적 무역로를 장악하고, 경제적 기회를 활용하며, 아프리카에서 영향력과 영토를 놓고 다른 유럽 강대국과 경쟁하려는 욕구에서 비롯되었다. 독일이 스와힐리 해안에 대한 지배권을 가진 잔지바르 술탄으로부터 그 영유권을 획득하는 과정은 외교, 조약, 그리고 군사 개입 등으로 진행되었다.

4.1. 초기 조약 및 협정

1880년대 초, 독일은 카를 페터스, 구스타프 아돌프 폰 괴첸 백작 Count Gustav Adolf von Götzen(1866~ 1910; 독일령 동아프리카 탐험가 및 독일령 동아프리카의 총독), 칼 피터스 박사 Dr. Carl Peters와 같은 독일 제국 대리인들이 협상한 조약을 통해 동아프리카 본토에 입지를 구축하기 시작했다. 이러

---

45) http://www.atlasnews.co.kr/news/articleView.html?idxno=2769

한 내륙 지역 족장들과 체결된 조약과 협정은 명목상 잔지바르 술탄 지배하에 있던 탄자니아 해안 및 내륙 영토 일부에 대한 독일의 주권을 주장하는 데 사용된다. 이러한 조약과 협정을 통해 독일은 현재 탄자니아의 해안 및 내륙 영토 모두에 대한 주권을 주장하며 명목상의 영유권 주장에서 실질적인 식민 지배로 전환할 수 있었다.

4.2. 외교 협상

잔지바르 술탄과의 조약 체결 이후, 탄자니아 해안과 내륙 일부 지역에 대한 독일의 주권은 다른 유럽 식민 국가와의 외교 협상을 통해 확보된다. 이를 통해 독일은 다른 유럽 강대국들에게 자신들의 식민지 주장을 합법화할 수 있었고, 공식적인 식민지 행정부를 수립하는 데 활용하였다.

1) 동아프리카 영독 협정

1886년 영독 협정으로 알려진 독일과 영국 간에 체결된 중요한 외교 협정으로, 동아프리카에서 양국의 영향력을 규정했다. 동아프리카 식민지 경계를 공식화하는 데 중요한 이 협정은 식민지 역사에서 지정학적 지형을 형성하고 동아프리카의 식민 통치 과정에 중대한 영향을 주었다.

2) 헬골란트-잔지바르 조약

19세기 말 유럽 열강들의 아프리카 식민지 쟁탈 경쟁 과정에서 토착민의 개입 없이 영국과 독일 간의 협상 결과였다.

1890년 7월 1일에 체결된 헬골란드-잔지바르 조약은 동아프리카와 기타 지역의 식민지 분쟁을 해결하기 위한 제국주의 외교의 전형으로 조약의 핵심이 된 북해의 헬골란드 섬과 동아프리카 연안의 잔지바르 섬에서 이름을 따왔다.

4.3. 지역 봉기와 군사 개입

독일이 해안 지역에 대한 직접적인 지배권을 행사하려는 시도는 지역 아랍인과 스와힐리인의 저항으로 이어졌고, 이는 저항과 봉기로 이어졌다. 독일 식민 행정부는 군사력으로 반란에 대응했고 진압에 성공함으로써 해안 지역에 대한 통제력을 강화하고 지역 주민들의 저항을 상당 부분 제거할 수 있었다.

4.4. 식민지의 직접 통치

헬골란트-잔지바르 조약 체결을 통해 공식화된 독일의 탄자니아 식민 지배는 탄자니아인들의 반란을 진압한 후 본격적으로 진행되었다. 독일 정부는 1891년 독일 동아프리카 회사로부터 직접 행정권을 이양받아 이 지역에 대한 지배권을 확립하고 공고히 했다. 이를 위해 중앙집권적 행정 체계를 수립하고 평화 유지를 위해 군사를 주둔시켰다.

5. 독일에 대한 저항과 봉기

독일 식민 시대 탄자니아인들의 저항과 봉기는 식민지 정책과 관행에 대한 다양한 불만에서 비롯되었다. 도로, 철도, 농장 등 강요된 노동 착취, 대규모 토지 몰수, 납세 의무, 유럽식 문화 규범, 교육 체계 등의 강요, 전통적 정치 체계의 무시, 가혹하고 잔혹한 행정, 영적 및 종교적 요인 등이 결합되어 독일 식민 통치에 대한 광범위한 불만과 저항의 분위기를 조성했다. 비록 저항과 봉기

잔지바르 술탄국의 내륙 교역로46)

가 궁극적으로 진압되었지만, 식민 열강이 피지배 민족에 대한 통제를 유지하는 데 직면한 어려움을 부각하고 탄자니아 국민의 회복력과 주체성을 부각시켰다.

5.1. 잔지바르 술탄의 항의와 수용

독일이 스와힐리 해안을 식민지화하려 하자, 당시 바르가시 빈 사이드 Barghash bin Said 잔지바르 술탄은 독일의 침범에 대응하여 여러 가지 조치를 취하였다. 술탄의 행동은 전반적으로 외교적 저항, 외부 지원 요청, 그리고 유럽의 식민 야망으로 인해 변화하는 세력 균형에 적응하는 양상이 뒤섞여 나타났다.

우선 술탄은 외교 경로를 통해 카를 페터스 등의 독일 대리인들이 지역 족장들과 체결한 조약이 자신의 주권을 침해한다고 주장했다. 다음으로 술탄은 다른 유럽 열강, 특히 잔지바르

---

46) http://www.atlasnews.co.kr/news/curationView.html?idxno=2769

와 오랜 관계를 맺어 온 영국에 지원을 요청했다. 그는 영국에 독일의 야망을 중재하고 견제해 줄 것을 호소하며, 영국의 영향력을 활용하여 독일의 확장을 견제하고자 했다. 그리고 술탄은 해안 지역 주민들의 지지를 얻어 자신의 입지를 강화하려 했다. 그는 독일의 침략에 대한 저항을 장려했고, 독일의 식민지화 시도에 대한 중요한 반발이었던 아부시리 봉기 Abushiri revolt와 같은 봉기를 지원한다.

이와 함께 유럽 열강의 우월한 해군력과 군사력에 비교해 술탄의 군사적 대응은 성공을 거두지 못했다. 지역적인 소규모 접전과 저항 운동에 대한 지원이 있었지만, 술탄의 군대는 독일과의 지속적인 군사적 충돌에 대처할 준비가 되어 있지 않았던 것이다. 또한, 1888년 4월 28일, 술탄은 독일령 동아프리카 본토의 행정권을 독일령 동아프리카 회사에 양도하는 조약에 서명한다. 하지만 유럽의 잔지바르 본토 지배가 공식화된 후, 술탄은 잔지바르 내에서 자신의 권위를 유지하는 데 집중했다. 그는 섬과 보호 관계를 맺고 있던 영국 당국과 협력하여 새로운 정치 지형에 적응하였다.

5.2. 아부시리 봉기

노예상인 반란 Slave Trader Revolt으로도 알려져 있으나 일반적으로 해안 반란이라고 부르는 아부시리 봉기는 1888년에서 1889년 사이에 현재 탄자니아 해안 지역의 아랍인, 스와힐리인, 아프리카인들이 독일 식민 통치에 맞선 중요한 봉기를 말한다. 이 봉기는 주로 독일 동아프리카 회사가 해안 지역에 대한 지배권을 주장하려는 시도에 대한 반발이었다. 아부시리 봉기는 동아프리카 식민 통치에 대한 저항 역사에서 중요한 사건으로 기록된다.

이 봉기는 새로운 세금 부과, 가혹한 노동 정책, 그리고 이전에 지역 아랍 및 스와힐리 상인들이 장악했던 무역로를 독일이 장악하면서 촉발되었다. 독일 동아프리카 회사의 공격적인 지배권 주장은 해안 지역 사회의 경제적, 사회적 구조를 위협했기 때문이다. 1888년 8월부터 독일 동아프리카 회사가 탄자니아 북부 해안 도시인 팡가니 Pangani에 대한 지배권을 인수하려고 시도하는 과정에서 시작되었다. 팡가니의 독일 행정관 에밀 폰 젤레프스키 Emil von Zelewski(1854~1891; 독일령 동아프리카의 슈츠트루페 사령관)가 마을에 독일 동아프리카 회사의 깃발을 게양하려는 시도에 대항하는 전면적인 봉기가 일어난다.

해안 지역의 저명한 아랍 상인이자 지도자였던 아부시리 이븐 살림 알-하르티 ibn Salim al-Harthi(1833~1889)가 반란을 이끌었다. 그는 스와힐리 상인, 아랍 정착민, 그리고 독일 정책에 불만을 품은 지역 아프리카 공동체를 포함한 다양한 민족 및 종교 단체의 지지를 얻었다. 1888년 8월 해안 도시 팡가니에서 시작되어 바가모요, 사다니 Saadani, 킬와 등 다른 도시로 빠르게 확산된다. 반란군은 동아프리카 전역의 독일군이 점유한 전초 기지, 무역소와 마을을 공격하고, 독일령 동아프리카 회사 대표들은 추방하거나 살해하였다.

자체적으로 반란을 진압할 수 없었던 독일 동아프리카 회사는 독일 정부에 지원을 요청한다. 독일 총리 오토 폰 비스마르크는 군사 개입을 승인했고, 영국 해군의 지원을 받는 독일 해군 전대가 해당 지역에 파견되었다. 헤르만 비스만 Hermann Wissmann(1853~1905; 독일의 아프리카 탐험가, 군인, 행정가)대령이 이끄는 독일군은 반란을 진압하기 위해 일련의 군사 작전을 수행하였다. 1889년 중반, 우세한 화력과 증원 병력을 보유한 독일군은 해안 마을들을 탈환하기 시작했다. 바가모요 인근에서 반란군이 결정적인 패배를 당하면서 아부시리 봉기의 전환점을 맞는다. 1889년 12월 지역 정보원들의 도움으로 생포된 반란의 지도자인 아부시리는 독일 군사 법원에서 재판을 받고 교수형에 처해진다.

아부시리의 봉기 진압 이후, 독일 정부는 독일 동아프리카 회사를 대신하여 식민지 행정을 직접 장악하였다. 이는 이 지역에서 독일의 공식적인 식민 통치가 시작되었음을 의미하며, 군대의 주둔이 증가하고 권력이 더욱 공고해졌다.

5.3. 헤헤 봉기

독일 식민 세력에 맞선 헤헤족의 봉기는 현재 탄자니아 남부 고지대에서 벌어진 저항 운동이다. 헤헤족은 1891년 8월 17일 탄자니아 중부 이링가 근처 마을인 루갈로 Lugalo에서 독일 식민 원정대를 격파하고 그 후 7년 동안 그들의 수장인 음콰비니카 무니굼바 음와무잉가 Mkwavinyika Munyigumba Mwamuyinga(1855~1898; 독일령 동아프리카의 헤헤족 지도자) 의 지도 하에 장기간에 걸친 저항을 벌인다. 음콰와 헤헤 부족의 봉기는 식민 열강이 토착민을 정복하는 과정에서 직면했던 어려움을 보여주는 사례이며, 아프리카 저항 운동의 회복력과 전술적 독창성을 보여주었다.

음콰와 족장의 지도 아래 현재 탄자니아 남부 고지대에 강력하고 중앙집권적인 족장 국가를 운영하던 헤헤족은 독일 식민 세력의 출현으로 지역 무역로의 자치권과 정치적 통제권을 위협받는다. 1891년, 지배권 확장을 노리는 독일군이 헤헤족 영토에 진입하면서 양측의 긴장이 고조되었다. 독일군이 군사력을 통해 이 지역을 정복하려는 시도는 격렬한 저항에 부딪혔다. 강력한 군사 조직과 전략, 그리고 숙련된 전사인 헤헤족은 독일군을 자신들의 주권에 대한 직접적인 위협으로 여긴다.

1891년 8월 루갈로에서 첫 번째 주요 교전이 발생한다. 음콰와는 독일군 부대에 대한 기습 공격을 지휘하여 독일군을 대패시키고 지휘관 에밀 폰 젤레프스키를 사살한다. 이 승리는 헤헤 부대의 사기를 크게 북돋아 주었지만, 독일군에게는 큰 좌절이었다. 음콰와는 험준한 지형을 유리하게 활용하는 게릴라 전술을 구사하며 독일군을 향한 기습 공격, 독일군 정찰대에 대한 매복 공격 등 대규모 독일군과의 직접적인 충돌을 피했다.

루갈로에서의 패배에 대응하여 독일군은 헤헤 부대를 제압하기 위한 일련의 군사 작전을 개시한다. 독일군은 이 지역에 군사력을 증강하여 초토화 전술을 사용하고, 마을을 파괴하고, 보급로를 차단하여 헤헤 부대의 저항을 약화시켰다. 강화된 독일군의 공세를 음콰와와 그의 군대는 방어가 용이한 고지대의 요새로 후퇴해 수년간 저항을 계속했다.

1894년, 독일군은 장기간의 포위 공격 끝에 헤헤 부족의 수도인 칼렝가를 함락한다. 이는 음콰와 군대에 큰 타격을 입힌 공격에도 음콰와 핵심 추종자들은 탈출에 성공하여 주변 지역에서 저항을 이어갔다. 충성스러운 추종자와 지역민들의 도움으로 음콰와의 저항은 1898년까지 간헐적으로 계속되었다. 독일군의 포위에 직면한 음콰와는 체포라는 불명예를 거부하고 7월 스스로 목숨을 끊었다.

헤헤족과 음콰와의 저항은 독일의 남부 고지대 통합을 지연시켰고, 이후 저항 운동의 원동력이 되었다. 헤헤족 봉기는 식민 지배에 맞선 탄자니아 저항의 중요한 상징이 되었다. 탄자니아의 국민 영웅으로 추앙받는 음콰와 족장의 유산은 탄자니아의 국가 정체성에 중요한 위치를 차지하며, 식민지 억압에 맞선 저항 정신으로 상징되고 있다.

5.4. 마지 마지 봉기

아프리카에서 식민 세력에 맞선 가장 중요하고 잘 알려진 봉기 중 하나이다. 이 반란은 탄자니아 남부의 광범위한 지역에서 강제 노동, 환금작물의 강제 재배, 과중한 세금, 사회 구조의 붕괴, 토착 문화와 종교의 억압 등 사회적, 정치적, 문화적, 요인들이 복합적으로 작용하여 발생하였다. 독일의 식민 통치에 대항한 이 무장 봉기는 1905년부터 1907년까지 지속되었다.

독일 식민 행정부가 실시한 강제 노역, 과중한 세금 부과를 포함한 가혹한 정책은 토착민들 사이에 광범위한 불만을 야기했다. 특히 토착민들에게 환금작물인 면화를 지역 농부들이 강제로 재배하도록 함으로써 야기된 전통적인 농업 관행과 경제의 붕괴는 지역사회에 식량 부족을 초래하게 되었다. 1905년 7월, 현재 탄자니아 남부 지역의 마툼비 Matumbi 구릉에서 시작되었다. 영계로부터 메시지를 받았다고 주장하는 영적 지도자 킨지키틸레 응왈레 Kinjikitile Ngwale(? ~1905; 마지 마지 반란의 영적 영매이자 지도자)의 지휘 아래 지역 지도자들과 전사들이 독일 행정 기관과 사절단을 공격하였다.

독일군의 총탄으로부터 전사들을 보호해 줄 특별한 물약을 가지고 있다고 주장한 응왈레는 독일에 저항할 수 있는 통합적인 영적, 이념적 틀을 제공한다. 스와힐리어로 물을 의미하는 '마지'라는 단어로 상징되는 마법의 물에 대한 믿음은 식민지 지배세력들에 맞서 다양한 민족 집단을 단결시키는 데 중요한 역할을 하였다. 킨지키틸레가 이끄는 영적 운동에 고무된 응고니족, 마툼비족 Matumbi, 포고로족 Pogoro을 포함한 수많은 민족 집단이 가담하면서 반란은 빠르게 광활한 지역으로 빠르게 확산되었다. 반란군은 게릴라 전술을 사용하여 독일군의 전초 기지, 선교부, 무역로를 공격했다.

초기에 방심한 독일 식민 행정부는 무장한 군대를 투입하여 무력으로 대응했다. 그들은 봉기를 잔혹하게 진압했고, 마을과 농작물을 파괴하는 초토화 전술을 통해 반란군의 지원과 보급을 차단했다. 1907년까지 봉기는 사실상 진압되었다. 초토화 정책에 따른

---

47) https://en.wikipedia.org/wiki/Maji_Maji_Rebellion

농작물 및 식량 공급 파괴로 인한 기근으로 7만 5천 명에서 30만 명의 아프리카인이 사망한 것으로 추산된다.

봉기는 독일 식민 행정의 약점을 드러냈고, 일부 개혁으로 이어졌다. 독일은 정책을 재검토해야 했고, 그 결과 이 지역의 통치 방식이 다소 완화되었다. 마지 마지 봉기는 식민 지배에 대한 중요한 저항 행위로 기억된다. 이 반란은 아프리카 사회가 외세의 지배에 저항하는 결의를 보여주었으며, 이후 탄자니아를 비롯한 아프리카 여러 지역의 독립 운동의 중요한 상징으로 인식되었다.

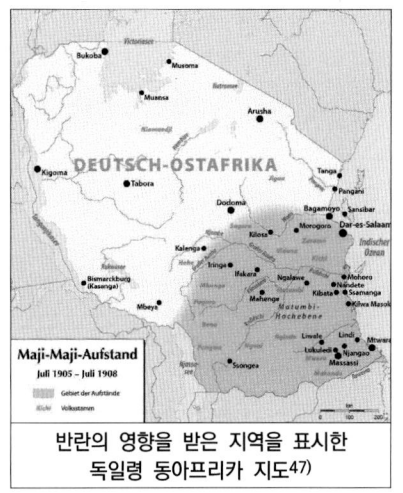

반란의 영향을 받은 지역을 표시한 독일령 동아프리카 지도[47]

제7장 영국의 식민 지배

영국과 탄자니아의 접촉은 공식적인 식민 통치가 수립되기 훨씬 전부터 시작되었다. 이러한 교류는 주로 무역, 탐험, 그리고 선교 활동을 통해 이루어진다. 영국의 탐험가들과 상인들은 19세기에 동아프리카 해안을 방문하기 시작했다. 영국인들은 이 지역에서 흔히 거래되던 상아, 향신료, 노예와 같은 상품의 무역에 관심을 가졌다. 이와 함께 교회 선교회와 같은 영국 선교사들은 이 지역에 선교 사업을

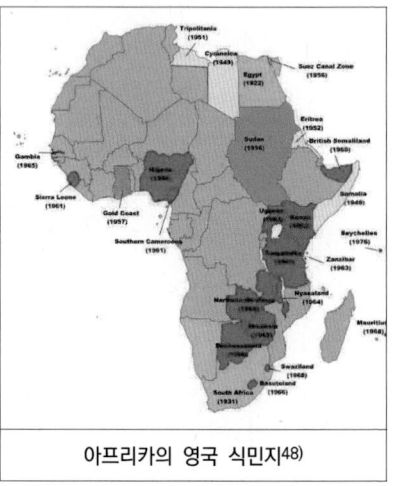

아프리카의 영국 식민지[48]

시작했다. 이러한 선교 사업은 지역 주민들에게 서양 교육과 기독교를 소개하는 데 중요한 역할을 하였다.

데이비드 리빙스턴 David Livingstone(1813~1873; 스코틀랜드의 조합교회Congregationalist 선교사이자 탐험가), 리처드 버튼 Richard Burton(1821~1890; 영국의 탐험가, 군 장교, 동양학자)과 존 해닝 스피크 John Hanning Speke

---

48) https://ko.wikipedia.org/wiki/%EC%95%84%ED%94%84%
EB%A6%AC%EC%B9%B4%EC%9D%98_%ED%83%88%EC%
8B%9D%EB%AF%BC%EC%A7%80%ED%99%94

(1827~1864; 아프리카에 세 차례의 탐험을 감행한 영국의 탐험가, 육군 장교)와 같은 유명한 영국 탐험가들은 19세기 중반 나일강의 발원지를 찾기 위해 현재 탄자니아 지역을 포함한 동아프리카 내륙 지역을 탐험하는 탐험을 감행한 바 있다. 이들은 이 지역의 지도를 제작하고 유럽인들의 지리와 민족에 대한 지식을 넓히는 데 역할을 하였다.

탄자니아에 대한 영국의 식민 통치는 제1차 세계 대전을 둘러싼 사건들의 결과로 시작되었다. 독일령 동아프리카의 일부였던 탄자니아는 전쟁 후, 1919년 베르사유 조약에 따라 영국에 위임통치국이 되었다. 이 위임 통치를 통해 당시 탕가니카로 알려졌던 현재 탄자니아 본토는 영국의 지배하에 놓이게 되었고, 잔지바르와 펨바 섬은 영국의 별도 식민 통치하에 남게 되었다. 영국의 행정은 1920년에 공식적으로 시작되었으며, 이로써 탄자니아에서 영국의 식민 통치가 시작되었다.

1. 탄자니아와의 첫 접촉

1.1. 탄자니아와의 해상 무역

19세기 초, 영국과 현재 탄자니아 지역 간의 해상 무역은 동아프리카 해안을 따라 활발한 교류가 특징이었으며, 특히 잔지바르 섬과 다른 해안 항구를 중심으로 활발하게 이루어졌다. 동아프리카 해안은 인도양과 유럽, 중동, 인도 아대륙을 연결하는 광범위한 무역망의 일부였으며, 영국 선박들은 이 지역으로 향하는 무역 항해에 참여하였다.

1) 잔지바르와의 무역

 전략적 위치와 잘 정비된 무역 인프라를 갖춘 잔지바르는 영국 및 기타 외국 무역상들의 주요 무역 중심지였다. 동아프리카에서 영국의 상업적 이익을 위해 필수적인 장소로서 잔지바르와 영국 간의 무역은 19세기에 크게 발전한다.

2) 기타 해안 도시와의 무역

 영국과 현재 탄자니아 본토 지역 간의 초기 접촉 당시, 잔지바르를 넘어 다른 지역과의 교류는 주로 무역, 탐험, 그리고 선교 활동과 관련이 있었다. 무역의 경우 영국 상인들은 바가모요, 킬와, 팡가니, 펨바와 같은 주요 항구에서 무역에 참여하며 본토 해안을 따라 활발하게 활동했다. 이 항구들은 상아를 비롯한 내륙 상품의 중요한 진입 지점이었다. 물론 해안 무역은 잔지바르와 긴밀한 관계를 맺었는데, 이 항구들을 통과하는 많은 상품들이 중앙 무역 허브 역할을 했던 잔지바르로 향하거나 잔지바르에서 수입되었기 때문이다.

1.2. 탄자니아 내륙 탐험

 영국 탐험가들이 이끄는 현재 탄자니아 지역 내륙 탐험은 미지의 영토를 지도에 표시하고, 주요 하천의 수원을 발견하고, 과학적 지식을 확장하려는 열망에서 비롯되었다. 리처드 버튼, 존 해닝 스피크, 그리고 이후 데이비드 리빙스턴과 같은 영국 탐험가들은 나일강의 수원지 탐색을 포함한 지리적, 과학적 관심으로 주도되었고, 영국의 관심과 영향력을 확대했다.

1.3. 선교 활동:

영국의 선교 활동은 문화 교류와 기독교 확산에 중요한 역할을 했다. 영국 선교사들은 본토 지역에 최초로 진출하여 교육과 의료 서비스를 제공하는 동시에 기독교를 전파하는 선교 활동을 벌였다. 선교 활동은 종종 문화 교류의 중심지 역할을 했고, 지역 사회와 유럽의 이해관계를 중재하는 역할을 했다. 또한 노예 무역에 반대하는 활동을 통해 노예제 폐지 운동에도 기여했다. 이러한 활동은 다양한 선교 단체와 지역 전역에 선교 사업을 설립한 개인들에 의해 수행된다.

2. 식민 지배 과정

무역과 탐험, 그리고 선교를 통해 탄자니아와 접촉을 가진 이후 영국의 외교적 접근은 주로 잔지바르 섬을 중심으로 해안 지역에서 이루어진다. 영국은 1841년 잔지바르에 영사관을 설립하여 공식적인 외교 관계를 구축하고 이 지역에 거점을 마련하였다. 시간이 지남에 따라 잔지바르에 대한 영국의 영향력은 무역뿐만 아니라 정치적, 군사적 수단을 통해서도 커지게 된다. 이러한 영향력은 1890년 잔지바르에 대한 영국의 보호령 설립의 토대가 되었다. 현재 탄자니아 지역에 대한 영국의 식민 통치는 여러 조약과 협정, 그리고 세계적 정세의 변화를 수반했다.

2.1. 헬골란드-잔지바르 조약

공식적으로 1890년 영독 협정으로 알려진 이 조약은 동아프리카 지역에 영향을 미친 가장 중요한 협정 중 하나로서 두 식민 세력 간의 동아프리카 영향력을 명확히 규정했다. 이 조약에 따라 독일은 잔지바르와 펨바에 대한 영국의 지배권을 인정했고, 영국은 당시 독일령 동아프리카인 탄자니아 본토에 대한 독일의 지배권을 인정하였다.

2.2. 잔지바르 보호령 협정

헬골란드-잔지바르 조약의 결과로 잔지바르는 영국의 보호령이 되었다. 영국은 잔지바르와 펨바 섬을 포함하는 잔지바르 술탄국에 대한 공식적인 보호령을 획득한 것이다. 1890년에 수립된 잔지바르에 대한 영국의 보호령은 잔지바르의 정치 및 경제 체제에 커다란 변화를 가져온다. 영국령 잔지바르는 섬의 통치에 상당한 영향력을 행사하여 정책이 영국의 이익에 부합하도록 했다.

잔지바르 술탄은 내정에 대한 권한을 유지했지만, 영국은 잔지바르의 외교 정책과 국방에 대한 통제권을 갖게 되었다. 술탄은 명목상 국가 원수였지만, 실질적인 권력은 영국이 임명한 영국 상주 또는 영사 총영사가 행사한 것이다. 영국은 보호령 하에서 잔지바르의 경제 발전, 특히 주요 수출 품목인 정향과 코코넛 농장 확장에 집중했다. 또한 영국은 무역과 경제 성장을 촉진하기 위해 항만, 도로, 통신 시스템 개발을 포함한 사회 기반 시설 현대화를 추진했다.

잔지바르에서 영국의 주요 목표 중 하나는 섬 경제의 중요한 부분을 차지하는 노예무역을 폐지하는 것이었다. 노예 시장을 폐쇄하고 노예선을 나포하기 위한 노력이 기울여졌다. 영국의 통치는 서구식 교육 및 의료 시스템의 도입을 포함한 사회적 변화를 가져왔다. 선교사들은 학교와 병원을 설립하는 등 이러한 발전에 중요한 역할을 했다. 문화 교류가 이루어졌지만, 영국은 때때로 지역 전통과 충돌하는 문화와 통치 방식을 강요하기도 했다.

영국-잔지바르 전쟁 Anglo-Zanzibar War

1896년 8월 27일에 영국과 잔지바르 술탄국 사이에서 벌어진 영국-잔지바르 전쟁은 역사상 가장 짧은 전쟁으로 알려져 있으며, 38분에서 45분 동안 지속되었다.

- 배경

잔지바르 술탄국: 잔지바르는 동아프리카 해안에 위치한 작은 섬으로, 특히 향신료와 노예 무역의 중심지였다. 19세기 후반 영국의 보호령이 되었다. 1896년 8월 25일에 사망한 친영국 성향의 잔지바르 술탄 하마드 빈 투와  이니 Hamad bin Thuwaini(1892~1896 재위)의 뒤를 이어 반영국적인 칼리드 빈 바르가시 Khalid bin Barghash(1896.8.25~27 재위)가 권력을 장악하자 영국

> 은 술탄 승인을 보류하였다.
> - 갈등
> 자신들의 이익에 더 유리한 하마드 빈 모하메드 Hamoud bin Mohammed(1896~1902 재위)가 왕위에 오르기를 바랬던 영국은 칼리드가 퇴위를 거부하자 그의 퇴위를 요구하는 최후통첩을 내렸다. 칼리드는 궁전을 요새화하고 약 2,800명의 병력을 소집했다.
> - 전쟁
> 1896년 8월 27일 오전 9시 2분 최후통첩이 만료되자 영국군은 궁전과 기타 주요 거점에 포격을 가했다. 영국군은 순양함 3척, 포함 2척, 그리고 약 150명의 해병과 수병으로 구성되었다. 몇 분 만에 칼리드의 방어선이 무너졌고 술탄의 궁전은 심하게 파손되었다. 칼리드는 독일 영사관으로 도피하여 망명을 허가받았다.이 포격으로 술탄의 하렘도 파괴되었고 그의 군대에도 사상자가 발생했다.
> - 전쟁의 결과:
> 영국은 술탄 하마드 빈 모하메드를 새 통치자로 추대했다. 이 전쟁으로 잔지바르 측에서는 약 500명의 사상자가 발생했지만, 영국 해군은 단 한 명만 부상을 입었다. 영국의 신속한 승리는 이 지역에서 영국의 영향력을 공고히 하고 해군력을 입증한 것이다. 영국-잔지바르 전쟁은 당시 유럽 열강이 소규모 국가들에 상당한 영향력을 행사할 수 있었던 제국주의적 역학 관계를 여실히 보여준 사건이었다.

영국의 잔지바르 보호령은 정치적, 경제적, 사회적으로 중대한 변화를 가져왔다. 현대화와 경제 발전을 가져왔지만, 동시에 외국의 지배를 강요하고 지역 통치와 문화에 영향을 미쳐 미래의 정치적 변화를 위한 토대를 마련했다.

2.3. 지역 추장들과의 조약

영국은 잔지바르 외 다른 지역의 족장 및 지도자들과도 조약을 체결하였다. 이러한 조약은 이전에 독일 식민 통치를 받았던 이 지역에 대한 지배권을 확립하기 위한 영국의 전략의 일환이었다. 조약은 일반적으로 지역 지도자들이 영국의 주권을 인정하고 식민지 행정에 협력하는 대가로 내정에 대한 어느 정도의 권한을 유지하는 내용을 담고 있었다. 이 조약들은 주로 제1차 세계 대전 종전까지 탄자니아 본토 지역에 대한 영국의 통제와 영향력 확립을 목표로 했다.

1) 보호령 협정 및 지역

영국은 지역 통치자들과 보호령 협정을 체결했다. 이 협정은 일반적으로 지역 통치자들의 주민과 토지에 대한 주권을 인정했지만, 외교 관계와 국방은 영국의 통제하에 두었다. 헤헤족의 경우 음콰와 족장은 처음에는 독일 식민 세력에 저항하여 1890년대 헤헤 반란을 일으켰지만, 그의 사망 이후 영국은 평화와 협력을 보장하기 위해 헤헤족과 협정을 체결하려고 노력했다. 킬리만자로산 주변에 살았던 차가족 족장들 중에는 영국과 조약을 맺은 여러 족장이 있었다. 이러한 조약에는 토지 이용, 농업, 지역 통치 문제가 포함되는 경우가 많았다.

북부 지역의 메루족과 아루샤족 추장들도 영국 당국과 협정을 체결했다. 이러한 것들은 종종 토지 권리와 사법 행정에 초점을 맞추었다. 탕가니카 중

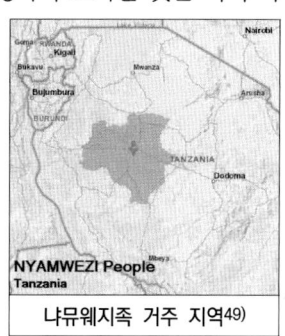

냐뮤웨지족 거주 지역49)

---

49) https://www.101lasttribes.com/tribes/nyamwezi.html

서부 지역에서 가장 큰 민족 집단에 속했던 수쿠마족과 냐므웨지족은 영국과 조약을 체결한 지도자들이 있었다. 이러한 조약은 무역과 식민지 질서 유지를 촉진했다. 그리고 해안 지역에서 오만 술탄국과 독일 식민 통치 기간 동안 영향력을 행사했던 아랍인과 스와힐리족 지도자들은 이 지역에서 자신들의 지위와 영향력을 유지하기 위해 영국과 협정을 협상했다.

2) 경제적 목적

조약에는 영국이 토지와 광물을 포함한 지역 자원에 접근하고 이를 활용할 수 있도록 허용하는 조항이 포함되는 경우가 많았다. 이로 인해 지역 사회가 이주하는 경우도 있었다. 또한, 이 협정은 종종 지역 족장들에게 세금 징수와 식민지 사업에 필요한 노동력 제공을 지원하도록 요구했다. 이는 식민지를 경제적으로 생존 가능하고 수익성 있게 만들기 위한 광범위한 식민지 경제 전략의 일환이었다.

3) 군사 및 행정적 이유

일부 조약은 지역 통치자들이 영국의 군사 활동을 지원하기로 합의한 군사 동맹을 포함했다. 이는 특히 식민 통치에 대한 저항 시기에 중요했다. 지역 관습과 법률은 종종 인정되었지만, 조약은 종종 영국의 법률 및 행정 시스템을 강요했으며, 이는 때때로 전통적인 통치 구조와 갈등을 야기했다. 모든 족장이 평화롭게 조약에 동의한 것은 아니었으며 저항의 사례도 있었지만, 일부 조약은 갈등이나 지도부 교체 후 재협상되었다.

2.4. 국제 연맹 위임통치령

제1차 세계 대전 중 영국과 연합군은 독일령 동아프리카에 대한 군사 작전을 개시한다. 이 전쟁에서 독일의 패배는 독일의 식민지 영토, 특히 탄자니아가 될 지역의 식민지 역학에 상당한 영향을 주었다. 영국의 군사 작전은 아프리카에서 독일의 식민지를 해체하기 위한 더 큰 노력의 일환이었다.

1) 독일령에서 영국령으로의 전환

제1차 세계 대전 이전, 현재 탄자니아 본토는 독일령 동아프리카로 알려져 있었다. 제1차 세계 대전에서 독일이 패배한 후, 1919년 베르사유 조약으로 독일령 동아프리카는 국제 연맹에 의해 영국의 위임 통치를 받게 된다. 이 지역은 탕가니카 Tanganyika로 개칭되었다. 독일에서 영국 통치로의 탕가니카 전환은 제1차 세계 대전 이후 영국의 식민지 영토의 광범위한 재편의 일환이었으며, 이는 변화하는 지정학적 상황과 독일 식민 지배의 쇠퇴를 반영했다.

2) 영국 위임 통치

위임 통치 지역이었던 탕가니카는 국제 연맹의 후원 아래 영국의 통치를 받았다. 이는 주민들의 이익을 위해 통치되고 궁극적으로 자치권을 행사할 준비를 해야 한다는 점에서 식민지와는 달랐지만, 실제로는 영국 식민지와 유사하게 통치된다. 탕가니카에서 영국 위임통치령의 발전은 여러 주요 변화와 계획을 수반했다.

영국은 독일 시스템을 대체하기 위해 식민지 행정부를 설립했다. 여기에는 영어를 공식 언어로 도입하고 법률 및 교육 시스템을 수정하는 것이 포함되었다. 영국은 법, 질서, 조세 등 통치의 다양한 측면을 감독할 영국 관리를 임명하였다. 행정부는 효율성과 경제 발전을 강조하는 영국의 식민지 관행에 맞춰 구성되었다. 영국은 기존의 지역 지도자와 전통적인 통치 구조를 통해 간접 통치 시스템을 채택했다.

영국은 커피, 사이잘삼, 면화와 같은 환금 작물 재배를 장려하여 탕가니카의 농업 잠재력 개발에 집중했다. 도로와 철도 확장을 포함한 사회 기반 시설 사업은 상품 운송을 촉진하고 경제 성장을 지원하기 위해 추진되었다. 식민 정부는 유럽 정착민과 상업 농업에 유리한 토지 정책을 시행했으며, 때로는 지역 사회를 희생시키기도 했다. 식민지 기업을 지원하기 위한 조세 제도와 노동력 모집을 포함한 노동 정책도 도입되었다.

영국은 교육과 보건 서비스를 개선하기 위해 노력했지만, 이러한 서비스는 제한적이고 불균등하게 분배되는 경우가 많았다. 선교 단체들은 기초 문해력과 직업 훈련에 중점을 둔 교육 제공에 중요한 역할을 했다. 영국 통치 하에 탕가니카는 서구식 법률 및 행정 제도 도입을 포함한 사회 및 정치 구조의 변화를 겪었다. 영국은 또한 영토 내 다양한 민족 및 문화 집단을 하나의 응집력 있는 식민 사회로 통합하고자 했다.

전반적으로, 탕가니카에서의 영국 위임통치령은 직접 행정과 간접 통치를 병행하여 통제력을 유지하였다. 영국은 탕가니카에 식민 행정부를 설립하여 영국 식민지 특유의 통치, 사회 기반 시설 개발, 경제적 착취 시스템을 시행했다. 이러한 영국 통치로의 전환은 토지 정책, 노동 관행, 사회 구조에 변화를 가져왔으며, 이는 때때로 지역 사회의 긴장과 저항으로 이어진다.

제8장 독립 탄자니아

1919년부터 1961년 독립할 때까지 영국에 의해 위임 통치를 받던 탕가니카는 이론적으로는 최종 자치권을 준비하고 있던 위임통치령이었지만, 독립이 실현되기까지 오랜 시간이 걸렸다. 유엔 신탁통치령에 의해 탕카니카의 통치를 위임받은 영국 식민청 British Colonial Office의 식민지 행정 우선순위는 영국의 경제적, 정치적 통제를 확립하는 것이었다. 다른 많은 아프리카 지역과 마찬가지로 탄자니아는 정치적 발전보다 경제적 착취의 대상이었다. 또한, 전통적인 지도자에 의존해야 했던 지방 통치 구조인 간접 통치는 애초에 자치권을 준비하도록 설계되지 않았다. 더욱이 아프리카인들을 위한 교육 기회가 제한적이어서 독립을 추진할 수 있는 지역 지도층의 발전도 더디기만 하였다.

하지만 제2차 세계 대전이 가져온 세계 지정학적 변화와 유럽 열강의 약화로 인해 탈식민화에 대한 태도는 탄자니아를 포함한 식민지배를 겪고 있는 세계 각국의 민족주의 부상을 가져온다. 줄리어스 니에레레가 이끈 탕가니카 아프리카 민족연합 Tanganyika African National Union(이하 TANU)의 결성과 같은 민족주의 운동의 성장은 국민을 동원하고 독립 협상에 중요한 역할을 하였다. 독립 협상 과정에는 정치 개혁과 헌법 개정이 수반되었으며, 이를 실행하는 데 시간이 필요했다. 이러한 점진적인 변화와 비폭력적인 자치권을 옹호한 인물들의 효과적인 지도력에 힘입어 탕가니카는 1961년 12월 9일에 비교적 평화롭게 독립을 쟁취한다.

줄리어스 니에레레

줄리어스 니에레레는 탄자니아의 저명한 정치가이자 탄자니아 역사의 핵심 인물로, 탄자니아를 독립으로 이끌고 식민지 이후의 발전을 형성하는 데 크게 기여했다.

- **유년 시절:**
1922년 4월 13일 탕가니카 빅토리아호 동안 부티아마 Butiama에서 태어났다. 지역 학교에서 교육을 받았고, 이후 우간다 마케레레 Makerere 대학교에 진학, 이후 스코틀랜드 에든버러 대학교에서 역사와 경제학 석사 학위를 취득했다. 그는 영국에서 유학한 최초의 탕가니카인 중 한 명이었다.

- **정치 경력:**
1954년, 니에레레는 영국의 식민 통치로부터의 독립을 옹호하는 정당인 탕가니카 아프리카 민족 연합을 창당한다. 1960년 주지사, 1961년 탕가니카가 독립하자 총리를 역임했습다. 1962년 탕가니카가 공화국으로 선포되자 초대 대통령이 되었다.

- **철학과 우자마:**
니에레레는 아프리카 사회주의를 주창했으며, 이를 우자마(스와힐리어로 가족을 의미)라고 불렀다. 그의 이상은 자립, 공동 생활, 자원의 공동 소유를 강조했다. 1967년, 그는 우자마의 원칙을 제시하고 탄자니아의 경제 및 사회 정책 방향을 제시하는 아루샤 선언을 발표했다.

- **지도력과 정책:**
니에레레의 지도 아래 탄자니아는 불평등을 해소하고 교육과 의료를 증진하는 정책을 추진했다. 농촌 개발과 스와힐리어를 국어로 하는 통합된 국가 정체성 구축에 초점을 맞췄다.

> - 은퇴와 유산:
> 니에레레는 1985년 대통령직에서 자진 사임했는데, 이는 당시 아프리카 지도자들 사이에서는 드문 행보였다. 그는 평화와 개발을 옹호하며 탄자니아와 아프리카 정치에 계속 영향력을 행사했다. 그는 부룬디 내전 해결을 위한 노력을 포함하여 아프리카 분쟁 중재에 중요한 역할을 했다. 니에레레는 탄자니아에서 국부(國父)로 기억되며, 그의 청렴성, 지도력, 그리고 사회 정의에 대한 헌신으로 존경받고 있다.
> - 사망:
> 줄리어스 니에레레는 1999년 10월 14일 영국 런던에서 백혈병 투병 끝에 세상을 떠났다. 그의 죽음은 탄자니아 건국 세대의 한 시대가 끝나는 것을 알리는 중요한 순간이었다.
> 줄리어스 니에레레는 탄자니아 역사에서 여전히 위대한 인물로 남아 있으며, 독립 투쟁과 정의롭고 공평한 사회를 향한 열망을 상징한다.

1. 탕가니카의 자치권

국제연맹의 위임통치 하에 탕가니카는 이론적으로는 궁극적인 자치 체제를 준비하였다. 그러나 이러한 목표를 향한 진전은 더뎠고, 탈식민지화를 요구하는 국제 사회의 압력이 증가한 제2차 세계 대전 이후에야 비로소 중요한 정치 개혁이 이루어졌다. 이렇듯 탕가니카가 영국 위임통치령에서 최종 독립국으로의 전환 과정은 내부 상황과 외부 압력 모두에 의해 영향을 받는 점진적인 변화를 통해 완성된다.

1.1. 영국 위임통치령의 역할
영국 식민청은 탕가니카 영국 위임통치령에 따라 다양한 공식 기관을 설립하였다. 식민청은 탕가니카를 포함한 모든 영국 식민지와 위임통치령의 행정을 감독하는 임무를 맡았고, 해당 지역의 통치를 위한 지침, 정책 및 지원을 제공했다. 탕가니카에는 국제연맹이 수립한 위임통치 제도에 따라 영토를 관리하도록 설계된 여러 주요 행정 기관이 존재했다.

1) 총독

탕가니카 영국 위임통치령의 총독은 탕가니카에서 가장 높은 직위의 영국 관리였으며 영국 왕실을 대표했다. 총독은 상당한 행정권을 가지고 영토 행정을 감독할 책임을 맡았다.

2) 행정 위원회

영국 위임통치령 탕가니카 행정 위원회 Administrative Council of the British Mandate of Tanganyika는 영국 통치하에 있는 영토의 통치를 지원하기 위해 설립되었다. 위원회는 영국 정부가 임명한 공무원들로 구성되었으며, 영국 대표와 지역 대표를 모두 포함했다.

3) 입법 위원회

영국 위임통치령 탕가니카 입법 위원회 Legislative Council of the British Mandate of Tanganyika는 영토 통치를 지원하기 위한 행정 체계의 일환으로 설립되었다. 입법 절차에 공식적인 구조를 제공하기 위해 설립되었으며, 공식 및 비공식 구성원을 모두 포함했다.

4) 지방 및 지역 행정

지방 행정은 식민지 통치하에 있는 영토의 효과적인 통치를 촉진하기 위해 조직되었다. 행정 구조는 계층적이었으며, 정책을 시행하고 질서를 유지하도록 설계되었다. 영토는 지역과 지구로 나뉘었으며, 각 지방은 영국이 임명한 지방 및 지역 위원들이 관리했다.

탄자니아 행정 구역[50]

5) 사법 제도

사법 제도는 사법 집행과 법치주의 수호를 위해 조직되었다. 이 제도는 영국 법 원칙과 현지 관습법을 혼합하여 식민지 행정부와 다양한 지역 주민 모두를 위해 설계된다.

6) 지방 원주민 당국

영국은 기존의 전통 지도자 및 조직과 협력하여 지방 통치를 관리하는 간접 통치 제도를 채택했다. 이 체제는 기존의 지역 권력 구조를 활용하여 식민지 통치를 운영하는 방식이다.

1.2. 탕카니카 자치권의 한계

영국 위임통치 기간 탕가니카는 국제연맹이 수립한 위임통

---

50) https://ko.wikipedia.org/wiki/%ED%83%84%EC%9E%90
%EB%8B%88%EC%95%84%EC%9D%98_%ED%96%89%
EC%A0%95_%EA%B5%AC%EC%97%AD

치 제도에 따라 통치되었기 때문에 자치권이 제한적이었다. 영국은 탕가니카를 통치하고 궁극적으로 자치권을 확립할 책임을 맡았지만, 다양한 분야에서 자치권의 정도는 영국 식민 행정부의 포괄적인 통제로 인해 제한되었다.

1) 자치권 제한의 배경

영국 위임통치 기간 탕가니카의 자치권은 식민 통치의 본질과 위임통치 제도의 목표와 관련된 여러 가지 이유로 여러 분야에서 완전히 인정받지 못했다. 탕가니카의 자치권이 제한적으로 인정된 것은 식민 통치의 본질적인 특성 때문이다. 즉, 지역 주민에 대한 신속한 정치적, 경제적 자치권보다는 통제와 착취를 우선시한 것이다.

2) 분야별 자치권 제한

탕가니카의 자치권은 여러 주요 분야에서 제한되었는데, 이는 영국 식민 행정부의 포괄적인 통제와 이해관계를 반영한 것이다. 이러한 제약은 탕가니카에 대한 통제권을 유지하면서 점진적으로 자치권을 확립하려는 더 광범위한 식민 전략을 시사한다. 이는 탕가니카의 즉각적 또는 완전한 자치보다는 영국의 감독하에 안정과 질서를 유지하는 데 중점을 두었기 때문이다.

2. 탕가니카의 독립

탕가니카의 독립은 다른 아프리카 국가에 비해 비교적 평화롭고 체계적으로 이루어졌다. 이는 식민지 지배에서 독립으로의 순조로운 전환을 가능하게 한 여러 요인이 복합적으로 작용했기 때문이다.

2.1. 평화로운 독립 과정
1) 민족 및 사회적 응집력

탕가니카는 다양하면서도 비교적 조화로운 사회 구조를 갖추고 있었다. 다른 아프리카 국가들과 달리, 탕가니카는 뿌리 깊은 민족 분열이나 대규모 민족 집단 간의 심각한 갈등이 없었다. 이러한 사회적 응집력은 통일된 민족 운동을 촉진하고 독립 추진 과정에서 내부 갈등을 줄이는 데 기여했다.

탕가니카 깃발과 킬리만자로 최고봉51)

포용적인 지도력, 전통적 구조에 대한 존중, 그리고 공동의 국가 목표에 대한 집중은 탕가니카의 평화로운 독립 과정을 가능하게 한 민족적·사회적 응집력을 이루는 요소들이다. 이러한 단결은 순조로운 정권 교체를 이루고 국가의 미래 발전을 위한 토대를 마련하는 데 결정적인 역

---

51) https://en.wikipedia.org/wiki/Tanganyika_%281961%E2%80%931964%29

할을 했다.

2) 줄리어스 니에레레의 지도력
니에레레의 지도력은 탕가니카가 평화로운 독립을 이루는 데 중요한 역할을 했다. 그의 접근 방식은 이상 있는 아이디어, 전략적 계획, 그리고 포용적인 정치를 결합했으며, 이는 성공적인 전환에 기여했다. 이러한 노력을 통해 니에레레는 평화롭고 효과적인 방식으로 탕가니카의 독립을 이끌었다.

3) 통합 민족 운동
평화로운 독립 과정을 이끈 통합된 민족 운동은 주로 TANU의 주도로 이루어졌다. TANU의 효율성과 다양한 집단을 공동의 목표 아래 통합하는 능력은 몇 가지 핵심적인 요인에 의해 뒷받침되었다.

TANU는 민족 정체성과 단결심을 고취함으로써 단결되고 평화로운 독립운동을 이끌 수 있었다. 니에레레 대통령 시절 TANU의 전략과 지도력은 식민 통치에서 자치로의 성공적인 이행을 달성하는 데 중요한 역할을 했다.

4) 탈식민지화에 대한 영국 입장
1950년대 후반, 영국 정부는 특히 민족주의 운동이 강력하고 조직적인 지역에서 탈식민지화에 대해 점점 더 개방적인 입장을 취한다. 탕가니카의 영국 행정부는 아프리카인의 통치 참여를 점진적으로 확대하는 헌법 개혁을 협상하고 이행할 의향이 있었으며, 이는 평화로운 정권 교체의 토대를 마련했다.

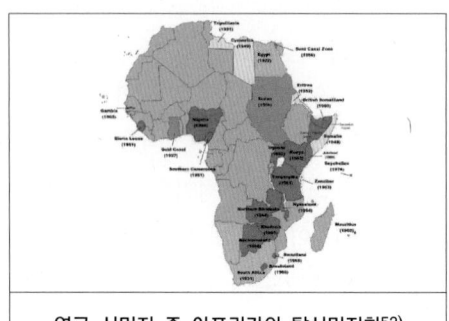

영국 식민지 중 아프리카의 탈식민지화[52]

5) 정착민 갈등 부재

탕가니카에는 식민 통치 유지에 기득권을 가진 유럽 정착민이 많지 않았다. 이는 다른 식민지에서 중요한 문제였던 토지와 정치 권력을 둘러싼 잠재적 갈등을 줄이게 된다. 이러한 상황은 다음과 같은 맥락에서 이해할 수 있다.

전반적으로, 탕가니카에서 정착민 간의 갈등이 없었기 때문에 긴장의 주요 원인이 제거되었고, 평화롭고 협상을 통한 전환을 이루는 데 방해가 되는 요소가 줄어들어 독립을 향한 더 직접적인 길이 열렸다.

6) 전략적 협상 및 개혁

---

[52] https://ko.wikipedia.org/wiki/%EC%95%84%ED%94%84%EB%A6%AC%EC%B9%B4%EC%9D%98_%ED%83%88%EC%8B%9D%EB%AF%BC%EC%A7%80%ED%99%94

TANU와 영국 간의 전략적 협상과 점진적인 헌법 개혁은 체계적인 평화로운 권력 이양과 독립을 가능하게 했다. 촉진한 전략적 협상과 개혁은 일련의 외교적 노력과 개혁 헌법에 담긴 지역 정치 대표성의 확대 등의 신중한 조치를 취함으로써 긴장이 완화되었고, 안정적인 정권 교체의 토대가 마련되었다.

7) 국제적 배경
제2차 세계 대전 이후 세계 정세는 탈식민지화 물결이 일었고, 자결권에 대한 국제적 지지가 증가했다. 식민지 강대국들은 식민지에 독립을 부여하라는 국제 사회의 강력한 압력은 탕가니카의 평화로운 독립 과정을 촉진하는 데 중요하게 작용한다.

2.2. 독립의 단계별 진행
우선, 1940년대 후반과 1950년대에 탕가니카에서 민족주의 운동이 체계적으로 시작된다. 민족주의 운동은 자치권을 획득하고 영국의 식민 지배를 종식하기 위한 사회·정치적 운동이었다. 이 운동은 몇 가지 핵심 요소를 특징으로 했다.

다음으로 니에레레가 이끄는 TANU는 독립을 옹호하는 주요 정당으로 등장한다. 니에레레의 카리스마 넘치는 지도력과 통일된 탕가니카에 대한 이상은 독립운동에 대한 광범위한 지지를 얻는 데 중요한 역할을 했다.

그리고 민족주의의 압력이 커짐에 따라 1950년대에 영국 식민 행정부는 정부 내 아프리카인 대표성을 점진적으로 확대하기 위한 헌법 개혁을 착수한다. 이러한 개혁을 통해 정부 내 아프리카인 대표성이 점차 확대되었다. 헌법 개정 과정은 식민 통치에서 자치 정부로의 전환을 의미하는 분기점이었다.

탕가니카 헌법(1961년 12월 9일)의 중요 조항과 특징

- 의회제: 헌법은 의원내각제 정부를 확립했다. 이 체제에는 법률 제정과 국민대표를 담당하는 국회가 포함된다.
- 행정부: 행정부는 정부 수반인 총리가 이끈다(줄리어스 니에레레는 이 체제하에서 초대 총리가 됨).
- 총독: 탕가니카는 영연방의 일원으로서 영국 국왕을 국가 원수로 유지했고, 지역 대표는 총독이 맡았다. 이는 탕가니카가 공화국이 될 때까지의 과도기적 조치였다.
- 다당제 민주주의: 헌법은 다당제 민주주의를 허용했지만, 독립 당시 TANU가 유권자들의 상당한 지지를 얻어 집권당이었다.
- 권리 보호: 헌법은 시민의 기본 인권이 인정되고 보장되도록 개인의 권리와 자유를 보호하는 조항을 포함했다.
- 법률 및 사법 체계: 헌법은 법치주의를 수호하기 위한 법원 설립을 포함하여 법률 및 사법 제도의 기틀을 마련했다.
- 공화국으로의 전환: 헌법은 탕가니카가 공화국으로 전환하는 조항을 포함했으며, 이는 1962년 니에레레를 초대 대통령으로 하는 탕가니카 공화국으로 전환되면서 이루어졌다. 이러한 점들은 신생 독립 국가에 필요한 정치적, 법적 구조를 확립하는 데 있어 헌법이 담당했던 역할을 반영하며, 민주적 통치, 법치주의, 그리고 개인의 권리 존중을 강조하였다.

3. 탄자니아 연합공화국

3.1. 탕가니카 공화국

탕가니카 공화국 Republic of Tanganyika은 1961년부터 1964년까지 존재한 현재 탄자니아의 본토 부분을 구성하는 주권국이다. 탕가니카는 1922년 영국이 국제연맹 위임통치령 아래에 있던 독일령 동아프리카의 영국령인 탕가니카 영토로 구성되어 있었고, 제2차 세계 대전 이후 유엔 신탁통치령으로 변경되었다. 탕가니카 공화국 시기는 영국 식민지에서 독립국으로의 전환과 결국 잔지바르와의 연합으로 귀결된다.

1) 독립과 공화제 전환

탕가니카는 1961년 12월 9일 영국의 식민 통치로부터 독립한다. 처음에는 영국 국왕이 국가 원수이고 총독이 이를 대표하는 영연방 국가가 되었다. 탕가니카 아프리카 민족 연합의 지도자였던 줄리어스 니에레레가 초대 총리가 된다.

독립 1년 후인 1962년 12월 9일, 탕가니카는 공화국으로 전환한다. 이 전환으로 영국 국왕의 역할이 사라지고 니에레레가 탕가니카 공화국의 초대 대통령으로 취임한다. 탕가니카는 공화주의 헌법을 채택했고, 니에레레는 국가 원수와 정부 수반의 역할을 모두 맡았다.

2) 국내 정책 및 개발

탕가니카 공화국 시기에 니에레레 대통령은 국가 건설, 사회 발전, 그리고 독립적이고 자립적인 국가라는 이상의 토대 마련을 목표로 여러 주요 정책을 시행하였다. 그의 정책은 자립을 옹호하고 빈곤과 불평등 해소 등의 아프리카 사회주의인 우자마 Ujamaa 정책의 토대를 마련했다.

① 교육 정책

니에레레 정부는 교육을 개발과 국가 통합의 도구로 강조하며 모든 아동이 초등교육에 접근할 수 있도록 초등교육 확대를 최우선 과제로 삼았다. 이 정책은 문해율 향상과 탕가니카 농촌 주민의 필요에 맞는 교육 제공에 중점을 두었다.

② 보건 및 사회복지 서비스

정부는 전국의 의료 서비스 개선, 특히 농촌 지역의 의료 시설 접근성을 확대하여 공중 보건 문제를 해결하고 전반적인 건강 성과를 개선하기 위해 노력했다.

③ 경제 개발

정부는 경제적 자립을 장려하고 농업에 대한 전통적인 의존에서 벗어나 경제의 다각화를 시도했다. 니에레레 대통령은 경제 성장을 뒷받침하고 외국 원조 의존도를 줄이기 위해 지역 산업과 기반 시설 개발을 장려했다.

④ 농촌 개발

정부는 농촌 인구의 우위를 인식하고 농업 생산성과 농촌 생계 향상을 목표로 하는 정책을 시행했다. 여기에는 농부들에게 더 나은 농기구, 종자, 교육을 제공하는 사업과 농촌 사회 기반 시설 개선 노력이 포함된다.

⑤ 국가 건설과 통합

니에레레 대통령은 국가 통합을 우선시하고 민족 및 지역적 분열을 초월하는 탕가니카 정체성을 함양하기 위해 노력했다. 그의 정책은 스와힐리어를 통합 국어로 활용하여 사회적 응집력과 통합된 국가 문화를 증진하는 것을 목표로 했다.

이러한 정책은 이후 아루샤 선언과 우자마와 같은 이후 정책의 토대를 마련하게 된다. 탕가니카 공화국 시절 니에레레 대통령의 초기 정책은 사회 정의, 평등, 그리고 자립에 대한 그의 헌신을 반영한다.

3) 외교 관계

탕가니카 공화국 시대, 니에레레 정부는 비동맹, 범아프리카주의, 그리고 해방 운동 지원을 특징으로 하는 외교 정책과 관계를 추진했다.

전반적으로, 탕가니카 공화국 시대 니에레레의 외교 정책은 독립, 단결, 협력의 원칙에 기반을 두었으며, 이는 자립적이고 통합된 아프리카라는 그의 이상과 일치했다. 그의 외교 정책은 탄자니아가 아프리카 및 국제 정세에서 핵심적인 역할을 수행하는 토대를 마련했다.

3.2. 잔지바르 혁명

잔지바르 혁명은 현재 탄자니아 해안의 군도인 잔지바르에서 1964년 1월 12일에 일어난 중요한 사건으로, 지

잔지바르 혁명 기념 우표[53]

---

53) https://en.wikipedia.org/wiki/Zanzibar_Revolution

배적인 아랍 엘리트를 전복하고 새로운 정부를 수립하는 계기가 된 혁명이었다.

1) 역사적 배경

혁명 이전, 잔지바르 군도는 당시 영국 총리였던 솔즈베리 Salisbury 후작인 로버트 개스코인 세실 Robert Gascoyne-Cecil(1830~1903; 영국의 정치가)이 지배권을 행사하는 영국의 보호령이었다. 그리고 명목상 잔지바르의 주권을 인정받은 술탄 잠시드 빈 압둘라 Jamshid bin Abdullah(1929~2024)가 통치하는 입헌군주국이었다.

당시 잔지바르 군도의 거주민 구성은 약 23만 명의 아프리카인, 오랫동안 사업과 무역에서 두각을 나타낸 5만 명의 아랍인, 2만 명의 남아시아인 등이 주축을 이루었다. 그러나 이들 섬의 토지는 주로 아랍계 주민이었고, 이들은 일반적으로 아프리카인들보다 부유했다. 또한, 그들은 아프리카인들보다 의료와 교육과 같은 더 높은 수준의 사회 서비스를 누릴 수 있었다. 그 외에도 잔지바르의 영국 당국은 잔지바르를 아랍 국가로 간주했고, 아랍계 소수 민족이 권력을 유지토록 하려는 입장을 가졌다. 이렇게 오만계 아랍 소수 민족이 정치적 권력과 경제적 지배력을 대부분 장악하면서 초래된 사회적·경제적 불균형은 뿌리 깊은 민족적, 사회적 갈등을 낳았다.

2) 정치적 긴장

잔지바르는 1963년 12월 10일 영국으로부터 독립하여 술탄의 통치 아래 입헌군주국이 되었다. 하지만 독립 전부터 존재했던 민족의 이익을 대변하는 여러 정당이 존재했다. 주요 정당으로는 아랍인과 일부 남아시아인의 지지를 받는 잔지바르 민족주의당 Zanzibar Nationalist Party, 아프리카계 다수의 지지를 받는 아프로-시라지당 Afro-Shirazi Party, 그리고 지지층이 엇갈린 잔지바르 펨바 인민당 Zanzibar and Pemba People's Party 등이다. 목적이 다른 이들 당의 존재로 인해 잔지바르의 정치적 긴장이 독립과 상관없이 발생하였다.

3) 혁명의 직접적인 원인

1963년 7월에 치러진 선거는 격렬한 논쟁을 불러일으켰다. 이 선거에서 아프로-시라지당은 유권자의 과반수를 차지했음에도 불구하고 의석 배분은 이를 반영하지 못했다. 나머지 두 당이 입법부 의석의 합산 과반수를 차지하여 연합정부를 구성한다. 이러한 선거 결과는 아프로-시라지당 지지자들 사이에 상당한 불만이 표출되었으며, 그들은 선거 제도가 자신들의 권력을 부당하게 박탈했다고 느꼈다. 이러한 불만은 기존의 민족 갈등과 사회경제적 격차로 인해 더욱 깊어졌고, 불안정한 정치 환경을 조성하게 된다.

4) 혁명 발발

1963년 선거는 혁명으로 이어지는 중요한 전환점이었으며, 섬나라들의 뿌리 깊은 정치적·민족적 분열을 드러냈다. 1964년 1월 12일, 프로-시라지당 소속이었던 우간다인 존 기드온

오켈로 John Gideon Okello(1937~1971?; 잔지바르 혁명 지도자)가 주도한 폭력 봉기로 술탄 정부가 전복된다. 이 혁명은 아랍 및 남아시아 공동체에 대한 폭력으로 점철되었고, 수천 명이 사망하거나 피난민이 되었다.

5) 잔지바르 인민공화국 수립

아프로-시라지당(ASP), 특히 아베이드 아마니 카루메 Abeid Amani Karume(1905~1972; 탄자니아 정치인. 1964년부터 1972년까지 잔지바르 공화국의 초대 대통령과 탄자니아 연합 공화국의 초대 부통령 역임)가 이끄는 혁명가들이 잔지바르 인민공화국 People's Republic of Zanzibar을 수립했다. 공화국 수립과 함께 군주제는 폐지되었고 과거 아랍 지배 엘리트와 관련된 사회·정치적 구조를 해체하게 된다. 특히 새 정부는 토지 개혁을 시행하여 아랍 엘리트층이 소유했던 토지를 아프리카 농민들에게 재분배한다. 또한, 아랍인과 남아시아인이 소유한 많은 사업체와 부동산이 국유화되었다.

3.3. 탄자니아 연합공화국 수립

탄자니아 연합공화국은 탕가니카와 잔지바르라는 두 주권 국가의 통합을 통해 1964년 4월 26일 탕가니카와 잔지바르 연합공화국 United Republic of Tanganyika and Zanzibar로 공식 출범했으며, 같은 해 말 탄자니아 연합공화국으로 개칭되었다. 공화국은 19세기 후반부터 제1차 세계 대전까지 독일의 식민지, 이후 영국의 위임통치령이 된 탕가니카와 아랍의 영향력과 술탄 체제의 역사를 가진 영국의 보호령인 잔지바르라는 서로 다른 문화적, 역사적, 정치적 배경을 가진 두 나라의 평화로운 통합의 결과인 것이다.

1) 배경

아프리카에서 정치적 통합의 성공적인 사례로 평가받으며, 지역 안정에 기여하고 국가 간 협력의 선례를 마련했다고 평가받는 탄자니아 연합공화국 수립의 배경에는 몇 가지 요인이 있다. 이러한 배경은 공화국을 설립하는 결정에 영향을 미쳐 이 지역의 통일, 안정, 그리고 발전을 도모하게 된다.

2) 과정

탄자니아 연합공화국의 수립은 탕가니카의 줄리어스 니에레레와 잔지바르의 아베이드 카루메 간의 협상으로 시작되었다. 이러한 논의는 안정과 통합에 대한 공동의 이해관계에서 비롯되었다. 이러한 절차는 통일 국가로의 비교적 순조로운 전환을 보장하여 이 지역의 평화롭고 협력적인 정치적 통합의 선례를 만들었다.

3) 결과

탄자니아의 건국은 다양한 민족 및 문화 집단 간의 국가 정체성을 구축하기 위한 첫걸음이었다. 새로운 국기, 국가, 그리고 상징의 채택은 본토와 섬 전역의 다양한 민족 및 문화 집단 간의 소속감을 형성하는 데 도움이 되었다. 스와힐리어를 국어로 장려하는 것은 소통과 통합을 촉진하는 상징이라 하겠다. 탕가니카와 잔지바르가 탄자니아 연합공화국으로 통합되면서 장단기적 결과와 영향이 나타난다.

4) 과제

탕가니카와 잔지바르가 탄자니아 연합공화국으로 통합된 후, 신생 국가의 원활한 통합과 기능을 보장하기 위한 몇 가지 과제가 남았다. 이러한 과제를 해결하기 위해서는 탕가니카와 잔지바르 양국의 정치 지도자, 공동체, 그리고 이해관계자들 간의 지속적인 노력, 대화, 그리고 협력이 필요했다. 통합 이후 상당한 진전이 있었지만, 탄자니아가 통일 국가를 유지하는 데 따르는 어려움과 기회를 헤쳐 나가면서 이러한 과제 중 일부는 현재도 계속해서 검토되고 있다.

4. 독립 이후 탄자니아의 변화

4.1. 탄자니아 연합공화국 수립 및 초기

탄자니아 사회의 초창기(1960년대~1970년대)는 상당한 변화로 점철되었다. 니에레레의 지도하에 탄자니아는 공동체 생활을 강조하고 농업에 기반한 자립 경제 발전을 목표로 하는 우자마 정책, 즉 아프리카 사회주의를 추진했다. 이 시기에 주요 산업과 서비스의 국유화와 더불어 통일된 국가 정체성 확립 및 민족 분열 해소를 위한 노력이 이루어졌다. 정부는 교육과 의료 개선에 집중했지만, 사회주의 정책의 경제적 성과는 엇갈려 비효율성과 부족과 같은 문제가 발생했다.

1) 아루샤 선언 Arusha Declaration

아루샤 선언은 1967년 줄리어스 니에레레 대통령이 발표한 탄자니아의 사회주의와 자립에 대한 의지를 담은 중요한 정책이었다. 이 선언은 탄자니아 경제 및 사회 정책의 초석이 되었다. 이 선언은 평등, 공동 소유, 그리고 계급 없는 사회 건설을 강조하는 아프리카 사회주의의 이상을 제시했다. 전통적인 아프리카 공동체 관행에서 영감을 얻어 현대적 거버넌스와 경제 관리에 적용하고자 했다. 또한, 이 선언은 주요 산업과 금융기관의 국유화를 요구했다. 여기에는 은행, 보험 회사, 그리고 주요 기업들이 포함되었으며, 이러한 부문에서 창출된 부가 외국인 투자자나 지역 엘리트가 아닌 전체 국민에게 돌아가도록 하는 것을 목표로 했다.

그리고 이 선언은 사람들이 공동으로 생활하고 일할 수 있는 우자마 마을의 설립을 지지했다. 이 정책은 농업 생산성을 높이고, 자원을 더욱 공평하게 분배하며, 교육 및 의료와 같은 사회 서비스 제공을 촉진하는 것을 목표로 했다. 이 선언의 핵심 주제는 자립이었다. 탄자니아 국민의 요구를 충족하기 위해 지역 자원과 산업을 개발함으로써 외국 원조와 수입에 대한 의존도를 줄이는 것을 강조했다.

아울러 이 선언에는 공무원의 윤리 기준을 정하는 지도력 강령이 포함되었다. 지도자들은 부패를 배격하고, 검소하게 생활하며, 사회주의와 국민에 대한 봉사의 원칙에 따라 개인적인 행동을 할 것을 요구했다. 그리고 이 선언은 국민의 사회적 요구를 더 잘 충족할 수 있도록 경제를 혁신하는 것을 목표로 했다. 교육, 의료, 사회 기반 시설 개선에 중점을 두어 생활 수준을 높이고 불평등을 줄이는 것을 목표로 했다.

아루샤 선언은 야심 찬 목표를 설정했지만, 그 실행 과정에서 경제적 비효율성과 마을 만들기에 대한 저항 등 심각한 어려움에 직면했다. 그럼에도 아루샤 선언은 탄자니아의 국가 정체성과 발전 방향을 형성하는 데 중요한 역할을 했으며, 사회 정책과 국가 통합 측면에서 지속적인 유산을 남겼다. 아루샤 선언은 사회 정의와 경제적 독립을 목표로 사회주의와 자립에 초점을 맞춰 탄자니아의 발전 모델을 재정립하려는 과감한 시도였다고 평가된다.

2) 우자마와 사회주의

아루샤 선언은 탄자니아 발전의 지침이 될 아프리카 사회주의 원칙을 명시했다. 자립, 평등, 그리고 계급 없는 사회 건설을 강조했다. 이러한 원칙을 실질적으로 구현한 우자마는 공동생활과 공동 소유에 기초한 사회 건설을 목표로 했다. 스와힐리어로 '가족애'를 뜻하는 우자마는 1960년대와 1970년대 니에레레 대통령의 지도하에 탄자니아가 채택한 사회 및 경제 개발 정책의 기초가 된 사회주의 이념이었다.

우자마의 핵심 요소 중 하나는 집단 마을 조성이다. 정부는 사람들이 우자마 마을로 이주하여 집단 농장에서 협동적으로 일하도록 장려(때로는 강제)했다. 목표는 농업 생산성을 높이고 교육 및 의료와 같은 사회 서비스 제공을 촉진하는 것이었다. 정부는 은행, 산업, 주요 기업을 포함한 경제의 핵심 부문을 국유화했다. 이는 창출된 부가 외국인 투자자나 지역 엘리트 집단이 아닌 전체 국민에게 돌아가도록 하기 위한 것이었다.

니에레레는 탄자니아가 외국 원조와 수입 의존도를 줄이고 자립하는 것의 중요성을 강조했다. 이는 국내 생산을 장려하고 탄자니아의 자원을 활용하여 국민의 요구를 충족하는 것을 포함했다. 우자마 정책은 교육 및 보건 접근성 향상을 우선시했다. 정부는 문해율 향상과 공중 보건 개선을 목표로 이 분야에 막대한 투자를 했다. 하지만 우자마는 이상에도 불구하고 심각한 어려움에 직면한다. 마을 만들기 정책은 농업 생산성 저하로 이어졌고, 국유화된 산업은 비효율적인 경우가 많았다. 이러한 문제들은 외부 경제적 압력과 함께 경제 침체와 물자 부족으로 이어졌다.

결과적으로 우자마는 모든 경제적 목표를 달성하지는 못했지만, 탄자니아의 국가 건설과 국민적 단결 의식 함양에 중요한 역할을 했다. 교육과 사회 서비스에 대한 강조는 국가 발전에 지속적인 영향을 미쳤다. 하지만 우자마는 아프리카적 가치와 조건에 기초한 사회주의 사회를 건설하려는 시도였지만, 성공을 제한하는 실질적인 어려움에 직면한 것이 한계로 남았다.

4.2. 국가 개혁 및 전환(1980년대~1990년대)

탄자니아의 건국은 다양한 문화를 가진 두 지역을 통합하는 중요한 정치적 사건이었고, 1980년대와 1990년대의 사회 변화는 국가의 발전 방향과 사회 구조를 재편한 중대한 경제적 전환을 반영했다. 이 시기에 탄자니아는 사회주의 정책에서 시장 중심적인 개혁으로 전환하면서 상당한 사회·경제적 변화를 겪었다. 이 시기는 아루샤 선언과 우자마의 사회주의 정책에서 시장 지향적인 개혁으로 전환하는 시기였다.

1992년 탄자니아는 다당제 정치 체제를 도입하여 수십 년간의 일당 독재를 종식했다. 이는 아프리카 전역에 걸친 광범위한 정치 개혁의 일환이었다. 이전 수십 년간의 사회주의 정책에서 더욱 자유화되고 시장 중심적인 경제로의 중요한 전환은 경제적 과제를 해결하고 탄자니아를 세계 경제에 통합하기 위한 경제 정책의 큰 전환을 목표로 하였다. 시장 경제로의 전환은 무역 정책이 자유화되고 관세가 인하되면서 외국인 투자와 경쟁에 대한 국가의 문을 열었다.

1980년대 중반 우자마 사회주의에서 시장 중심 경제 개혁으로의 전환은 탄자니아 사회에 중대한 변화를 가져왔다. 1980년대와 1990년대 탄자니아의 사회문화적 변화는 정치, 경제, 그리고 세계적 요인들이 복합적으로 작용한 결과였다.

4.3. 현대화 및 성장(2000년대~현재)

2000년대 이후 탄자니아는 민주적 통치를 향한 지속적인 여정과 경제 성장, 기술 발전, 도시화, 그리고 지역 협력 및 개발에 대한 의지를 바탕으로 아프리카에서 안정적이고 영향력 있는 국가로 평가를 받고 있다.

1) 정치적 변화

 이 시기 탄자니아의 정치적 변화는 지도력의 지속성, 거버넌스 개혁 노력, 그리고 정치적 자유와 민주적 발전과 관련된 과제를 특징으로 하는 역동적인 환경을 반영한다. 탄자니아는 안정, 발전, 그리고 민주화의 균형을 추구하면서 이러한 문제들을 지속적으로 해결해 나가고 있다. 탄자니아는 집권 여당인 탄자니아 혁명당이 자카야 키크웨테 Jakaya Kikwete(2005-2015 재임), 존 마구풀리 John Magufuli(2015-2021 재임), 그리고 마구풀리 서거 후 2021년 최초의 여성 대통령이 된 사미아 술루후 하산 Samia Suluhu Hassan 등으로 이어지는 권력의 주도권을 유지하였다.

 음카파 정부는 경제 개혁, 반부패 조치, 그리고 민주 제도 강화에 집중하였고 자유화 정책과 인프라 개발을 통해 탄자니아의 경제적 위상을 향상시킨 것으로 평가받았다. 그리고 키크웨테 정부는 교육, 의료, 그리고 인프라 구축에 중점을 두며, 임기 동안 동아프리카 공동체 내 지역 통합과 청년 실업 문제 해결에도 더욱 관심을 기울였다. 하지만 불도저식 접근 방식으로 유명한 마구풀리 정부는 반부패, 정부 낭비 감소, 그리고 인프라 사업에 집중하며 권력의 상당

탄자니아 혁명당 로고[54]

---

54) https://en.wikipedia.org/wiki/Chama_Cha_Mapinduzi

한 중앙집권화와 언론의 자유와 정치적 반대에 영향을 미치는 논란을 불러일으켰다고 평가받는다. 현재 사미아 술루후 하산 대통령은 보다 화해적인 접근, 국제 관계 개선 노력, 그리고 과학에 기반한 접근 방식으로 탄자니아를 이끌고 있다.

2) 경제 성장과 한계

탄자니아는 2000년 이후 꾸준한 성장, 다각화, 그리고 사회 기반 시설 및 사회 서비스 개선 노력을 특징으로 하는 상당한 경제적 변화를 겪었다. 광업, 통신, 관광업 등의 산업을 중심으로 특히 2000년대 후반과 2010년대에 GDP 성장률이 연 6%를 넘는 탄탄한 성장을 경험했다. 이러한 성장은 안정적인 거시경제 환경과 전략적 투자에 힘입은 것이다. 우선 교통, 에너지, 통신망 등의 인프라 개발은 무역을 촉진하고, 지역 연결성을 강화하며, 전국의 경제 활동을 활발하게 하였다. 천연자원 발견과 기업 환경 개선 노력도 외국인 직접 투자를 이끌었고, 이러한 자본 유입은 주요 부문의 성장을 촉진하고 경제 다각화에 기여하였다.

하지만 경제 성장의 이면에는 급속한 도시화로 많은 사람이 도시로 집중되어 생기는 주택, 서비스, 고용 등의 어려움이 발생하였다. 또한, 경제적 발전에도 불구하고 빈곤은 여전히 심각한 과제로 부각되었다. 특히 도시와 농촌 지역 간의 격차는 여전히 존재하였다. 전반적으로 2000년대 이후 탄자니아의 경제적 변화는 역동적인 성장과 현대화의 시기로 대변된다. 탄자니아는 인프라와 혁신에서 상당한 진전을 이루었지만, 빈곤 감소, 공평한 성장, 지속 가능한 개발과 관련된 과제에 여전히 직면해 있다.

3) 사회문화적 변화

 오늘날 탄자니아는 경제 성장, 세계화, 기술 발전, 그리고 변화하는 사회 역학에 힘입어 다양한 사회문화적 변화를 겪고 있다. 경제 발전에 따른 도시화와 인구 변화는 다르에스살람과 아루샤와 같은 도시의 성장을 이끌었고, 이는 생활 방식의 변화와 도시 기반 시설 및 서비스에 대한 수요 증가를 요구하였다. 도시로 진입한 인구는 농촌과 비교해 상대적으로 젊으며, 25세 미만의 젊은 인구 비율이 상당 부분을 차지한다. 이러한 젊은 인구 구성은 문화적 트렌드, 소비 행동, 그리고 사회적 우선순위에 영향을 미쳤다. 정부 차원에서 초중등학교 진학률 증가와 청소년의 역량 강화 등 교육의 기회 확대를 계속 제공해 왔다.

 2000년대 이후 탄자니아는 내부적 역동성과 외부적 영향이 결합된 문화적 변화를 경험해 왔다. 세계화는 새로운 문화적 요소를 도입하는 동시에 탄자니아의 전통문화를 보존하고 기념하려는 노력도 병행되었다. 여기에는 토착 문화의 표현과 관습을 유지하면서 세계적인 음악, 패션, 예술 스타일을 접목하는 것이 포함된다. 이러한 두 가지 영향은 현대적 가치와 전통적인 가치가 공존하고 상호 작용하는 역동적인 문화 환경을 조성하였다. 탄자니아의 문화적 변화는 전통과 현대의 역동적인 상호작용을 반영하며, 그 결과 활기차고 진화하는 문화적 정체성이 형성되었다.

4.4. 오늘의 탄자니아

2025년 현재 탄자니아는 미래 개발을 향한 길을 모색하면서 여러 도전과 기회에 직면해 있다. 건국 이후 탄자니아는 지속적 경제 성장을 경험했지만, 더욱 회복력 있고 지속 가능한 경제를 구축하기 위해서는 농업과 광업을 넘어 더 많은 다각화가 필요하다. 이를 위해 교통, 에너지, 용수 공급 부문에서의 지역별 인프라 격차를 최소화해 경제 활동과 서비스 접근성을 높여야 한다. 늘어나는 청소년 인구에 대한 양질의 교육과 평등한 접근을 보장함과 동시에 시장의 요구에 부응하는 교육 인프라, 교사 연수, 그리고 교육 과정 개선이 요구된다. 이는 젊은 인구의 증가에 따라 파생되는 청년 실업을 대비하기 위해서도 필요하다 하겠다.

또한, 팬데믹 시기에 겪었던 의료 시설 부족, 의료 전문가 부족, 전염성 질환과 이상염성 질환 모두에 대한 체계적 대처도 시급하다. 이와 함께 삼림 벌채, 야생 동물 보호, 그리고 기후 변화의 영향은 탄자니아의 풍부한 생물 다양성과 천연자원에 심각한 위협을 가하고 있다. 그리고 지속 가능한 개발을 이루고 포용적인 정치 환경을 조성하기 위해 건전한 거버넌스, 정치적 안정, 그리고 부패 척결 등이 해결 과제로 남아 있다.

그럼에도 탄자니아는 이 같은 과제를 해결하고 미래를 활용함으로써 향후 지속 가능한 발전을 성취하고 시민들의 미래를 보장할 잠재력을 가지고 있다. 금융, 교육, 보건 등 다양한 분야에서 혁신, 기업가 정신, 그리고 향상된 서비스 제공하고, 태양광 및 풍력과 같은 재생 에너지원에 대한 투자를 통해 화석 연료 의존도를 줄일 필요가 있다. 또한, 보건, 교육, 빈곤 퇴치를 목표로 하는 사회 프로그램에 대한 지속적인 투자와 기술과 지속 가능한 관행을 통해 농업을 현대화하면 생산성과 식량 안보를 달성하여 농촌 지역 사회와 도시 사이의 불균형 해소에 노력해야 한다. 더불어 탄자니아의 자연과 문화적 매력을 활용하여 관광을 활성화하고 동아프리카 공동체와 같은 지역과의 문화 교류와 협력을 강화함으로써 국제 사회의 일원으로 굳건히 자리할 수 있을 것이다.

[부록] 탄자니아 약사

1. 기원 전

연도	주요 사건
B.C. 300만년	초기 인류(호미니드)가 등장하여 오늘날 탄자니아 북부 본토에서 생활
300만년	호모 하빌리스 현대 케냐와 탄자니아 본토 근처에서 진화
100만년	호모 에렉투스가 등장, 일부는 올두바이 협곡과 이링가 근처의 호수 근처에서 발굴. 호모 사피엔스는 곧 더 진보된 도구 제작 기술을 가지고 등장
5만년	수렵채집인 집단이 탄자니아 콘도아 근처의 바위 지역에 거주
3,000년	이라크인과 같은 쿠시족은 북동쪽에서 이주
1,000~1년	반투족 이주민들은 북쪽과 남쪽에서 본토로 진입, 도자기와 철 가공 기술 도입, 주변 수렵채집민을 흡수

2. 고대 시기

연도	주요 사건
서기 40-70년	프톨레마이오스의 지리학에 현대 잔지바르의 이름의 기원인 '검고 키가 크며 웅변과 투지로 유명'한 젠지(Zenj)에 대한 기록
700	잔지바르, 마피아, 킬와 섬에 아랍 정착민들의 도시 건설, 동아프리카에 이슬람 전파
1107	잔지바르 남서쪽의 키짐카지에 동아프리카 최초의 모스크 건립
1,200	페르시아의 쉬라즈족의 후손 잔지바르에 정착, 새로운 왕조 시작. 지역 주민과의 혼인을 통해 스와힐리족 탄생. 내국인과의 무역 발전
1,330	이븐 바투타의 킬와 술탄국 방문

1300년대 – 1700년대	키고마의 우빈자와 음베야의 이부나에 있는 샘에서 초기 무역에서 핵심 상품인 소금 추출
1400년대	잠베지 강 남쪽의 항구인 소팔라에서 금 무역 장악, 사하라 이남 아프리카 지역의 웅장한 이슬람 건축물 축조

3. 포르투갈 식민 지배 – 오만 제국 – 독일 – 영국 지배 시기

연도	주요 사건
1498	포르투갈 탐험가 바스코 다 가마의 희망봉 탐험, 동아프리카 해안 항해, 12,000명의 거주지인 킬와(kilwa) 확인. 탄자니아 주변 동아프리카 지역의 식민지화
1631	펨바(Pemba) 섬에서 포르투갈에 반군 봉기, 진압 당함
1652	무스카트 술탄국(1650~1820)의 잔지바르 약탈
1698	무스카트 술탄국에 의한 포르투갈의 동아프리카 식민지 지배 종식
1818	남태평양 몰루카 섬에 자생하는 정향나무의 펨바와 잔지바르에 도입. 세계 최대의 정향 생산지로 자리매김
1832	무스카트-오만 술탄국(1820~1970)이 술탄 사이이드 사이드(Sayyid Said, 1791~1856)의 잔지바르 점령, 술탄국의 수도로 삼음. 아라비아, 페르시아, 인도와의 무역 장려 및 미국, 프랑스, 영국과 무역 조약 체결
1848	독일 선교사, 탐험가 요하네스 레브만(Johannes Rebmann, 1820~1876)의 인도양을 통한 아프리카로 최초 진입, 킬리만자로산 발견
1856	무스카트-오만 술탄국에서 잔지바르 독립
1858	영국의 선교사, 탐험가 데이비드 리빙스턴(David Livingstone, 1813~1873)의 동부 및 중부 아프리카 탐험

1866	잔지바르에서 출발하는 탄자니아 본토 횡단 탐험
1868	잔지바르의 술탄 동부 및 중부 아프리카 최초의 가톨릭 선교부 설립 허용
1871.10.27	영국 탐험가 헨리 모건 스탠리(Henry Morton Stanley, 1841~1904) 탕가니카 호숫가의 우지지 마을에서 탐험 중 행방불명이 된 리빙스턴과 만남
1872	잔지바르에서 아프리카 대륙을 탐험해온 리처드 프랜시스 버튼(Sir Richard Francis Burton, 1821~1890)의 '잔지바르 도시, 섬, 해안' 출판
1873	술탄 사이드 잔지바르에서 노예 수출 금지 명령
1884	동아프리카 남부 지역이 독일의 지배를 받게 됨
1888	독일 동아프리카 회사를 위해 독일 탐험가 칼 피터스(Carl Peters, 1856~1918)가 잔지바르 술탄에게서 해안 지역 관리 권리 획득. 독일 통치에 대한 저항으로 부시리, 빈 살림(Abushiri bin Salim, 1833~1889)이 잔지바르 지역의 아프리카인, 아시아인, 아랍인을 모아 투쟁. 독일군에 의해 진압됨
1890	독일 동아프리카(탄자니아, 부룬디, 르완다, 모잠비크)는 독일 동아프리카 회사를 해체하며 탕가니카(현재 탄자니아)의 식민 지배를 시작함. 다수의 반독일 저항 운동 발생
1894	탄자니아 내륙 칼렝가(Kalenga), 이링가(Iringa) 지역의 헤헤 족 지배자 음크와와(Mkwawa, 1855~1898)의 오랜 투쟁 끝에 독일군에게 패배
1897	잔지바르의 노예 제도 폐지, 다른 지역의 노예 제도는 1917년까지 지속됨
1905	독일 동아프리카의 투표세와 강제 노동 도입. 이를 사용 대규모

	면, 커피, 고무 농장 조성 가혹한 노동 및 경제적 수탈로 마지마지(Majimaji, 1905~1907) 반란 발생. 약 75,000명의 아프리카인 희생. 독립을 위한 아프리카인의 단결과 투쟁 시작
1914	영국의 독일 동아프리카령 점령 시작
1916	벨기에 독일 동아프리카령 북서쪽 지역 점령
1919.5.30	벨기에-영국 조약에 따라 르완다와 부룬디가 벨기에에 양도
1922.7.20	국제연맹에 의해 영국의 신탁통치령으로 위임
1922~1929	탕가니카 아프리카 공무원 협회(1922)와 다르에스살람의 탕가니카 아프리카 협회(Tanganyika African Union, 1929년) 등에 의해 민족주의 운동 태동
1925	지방 행정 구역 분할과 아프리카인이 없는 입법 위원회 구성
1926	민족주의 확장 방지를 위한 부족 중심의 분할 통치 정책 수립
1946.12.11	영국에 의한 탕가니카의 유엔 신탁통치령 실시
1954	탕가니카 아프리카 협회 명을 탕가니카 아프리카 민족 연합(Tanganyika African National Union; TANU)로 개명 후 '자유와 단결'이라는 슬로건을 내걸고 유엔에 압력 행사. 영국측은 자체적인 탕가니카 연합당(United Tanganyika Party; UTP)을 창당
1958	아프리카 민족 연합이 선거에서 UTP를 이기고 5명의 장관을 배출

4. 독립국 탄자니아 시기

연도	주요 사건
1961	탕가니카 자치권 달성(5월 1일)

1962.12.9.	영국이 운영하는 유엔신탁통치로부터 탕가니카 독립(12월 9일) 탕가니카 공화국 선포, 줄리어스 캄바라게 니에레레(Julius Kambarage Nyerere, 1922~1999) 대통령으로 당선
1963.12.9.	영국으로부터 잔지바르 독립. 수 세기 동안의 아랍 왕조 통치의 종식
1964.4.26.	탕가니카와 잔지바르의 통합, 탕가니카-잔지바르 연방공화국 수립
1964.10.29.	탕가니카-잔지바르 연합이 탄자니아 연방 공화국으로 탄생
1965	일당제 입헌민주주의 국가 수립
1967	정의, 평등, 존엄의 목표를 가지고 사회주의와 자립에 관한 아루샤(Arusha, 탕가니카 북동부와 동아프리카 지구대 고원지대에 위치한 도시. 탄자니아 연합 공화국 창설이 선언된 도시, 아프리카 인권 재판소(2006.7.3.)가 소재) 선언 선포. 은행, 무역 회사, 주요 산업 및 부동산의 국유화
1970~1975	다르에스살람에서 잠비아까지 탄자니아-잠비아 철도 건설(중국 주도)
1972	자주와 존중에 기반한 가족 정책 시작 농경지 활용과 산출물 공유를 극대화하기 위한 공동체 마을 설립
1974~75	대규모 공동체 마을 조성 시작
1977.2.5.	니에레레 대통령, TANU 당과 잔지바르 여당인 아프로-쉬라지당((Afro-Shirazi Party; ASP)와 통합 후 탄자니아 혁명당(Party of the Revolution/Chama Cha Mapinduzi; CCM) 결성
1978	우간다 이디 아민(Idi Amin Dada Oumee, 1925~2003) 대통령의 탄자니아 카게라 지역 점령

1979	탄자니아 내 우간다 망명자와 반 아민 세력과 연합, 우간다를 침공, 아민 정부 무력화
1984	TANU와 ASP당의 합병 재확인
1985	알리 하산 므위니니(Ali Hassan Mwinyi, 1925~2024) 탄자니아 2대 대통령 취임. 사회주의 경제 정책을 포기하고 자본주의 채택
1990	니에레레 전임 대통령 CCM 당대표에서 사임 잔지바르 일부 지역의 독립 요구
1995.11.23.	첫 다당체 선거 실시 베냐민 므카파(Benjamin William Mkapa, 1938~2020) 탄자니아 3대 대통령 취임
2000	잔지바르 선거 실시후 1월 소요 사태 발생. 수많은 시위자 사상
2005.12.21.	자카야 키크웨데(Jakaya Mrisho Kikwete, 1950~) 탄자니아 4대 대통령 취임
2010.11.5.	키크웨데 2기 대통령으로 재선 잔지바르에서 평화로운 선거 실시, 국가적 통일 정부 수립
2012.5	잔지바르에서 폭동 발생, 무슬림 극단주의자들의 교회 방화
2015.11.5	존 폼베 마구풀리(John Pombe Magufuli, 1959~) 탄자니아 5대 대통령 취임
2021.3.19.	사미아 술루후 하산(Samia Suluhu Hassan, 1960~) 탄자니아 6대 대통령 취임

참고문헌

Gregory H. Maddox, Salvatory S. Nyanto, *A new history of Tanzania*, Isarian N. Kimambo, Mkuki na nyota, 2017.

Lawrence E.Y. *Aspects of colonial Tanzania history*, Mbogoni, Mkuki na nyota, 2013.

Kefa M. Otiso, *Culture and customs of Tanzanie*, Greenwood, 2013.

Jean-Christoophe Bell, Bernard Calas, *Zanzibar aujourd'hui*, Editions Karthala & IFRA, 1998.

『2018 탄자니아 개황』, 외교부, 2018

https://www.nbs.go.tz/

https://fr.wikipedia.org

https://namu.wiki,

https://www.mofa.go.kr/ci-ko/index.do

https://www.101lasttribes.com

탄자니아의 역사

초판인쇄 2025년 6월 8일
초판발행 2025년 6월 10일

지 은 이 **김기국**

펴 낸 이 **홍명희**

펴 낸 곳 **아딘크라**

주   소 경기도 용인시 기흥구 탑실로 152
          대주피오레 2단지 202-1602
전   화 031)201-5310
등록번호 2017.12. 제2017-000096호

ISBN 979-11-89453-33-6 93930

값 14,000원
ⓒ 2025